LEÇONS

SUR LE

MOUVEMENT SOCIAL

DONNÉES A TOULOUSE EN 1898

PAR

MAURICE HAURIOU

PROFESSEUR A L'UNIVERSITÉ

Moventur, repræsentantur,
reguntur omnia.

PARIS

LIBRAIRIE DE LA SOCIÉTÉ DU RECUEIL GÉNÉRAL DES LOIS ET DES ARRÊTS
FONDÉ PAR J.-B. SIREY, ET DU JOURNAL DU PALAIS

Ancienne Maison L. LAROSE & FORCEL
22, rue Soufflot, 22

L. LAROSE, Directeur de la Librairie

1899

LEÇONS

SUR LE

MOUVEMENT SOCIAL

Autres Ouvrages de M. Maurice HAURIOU

BAR-LE-DUC. — IMPRIMERIE CONTANT-LAGUERRE.

LEÇONS

SUR LE

MOUVEMENT SOCIÁL

DONNÉES A TOULOUSE EN 1898

PAR

MAURICE HAURIOU

PROFESSEUR A L'UNIVERSITÉ

Moventur, repræsentantur,
reguntur omnia.

PARIS

LIBRAIRIE DE LA SOCIÉTÉ DU RECUEIL GÉNÉRAL DES LOIS ET DES ARRÊTS

FONDÉ PAR J.-B. SIREY, ET DU JOURNAL DU PALAIS

Ancienne Maison L. LAROSE & FORCEL

22, rue Soufflot, 22

L. LAROSE, Directeur de la Librairie

1899

PRÉFACE

Je désire simplement indiquer la filière des idées par où je suis passé, car mon point de départ fut l'étude d'un phénomène très spécial et, si je suis arrivé à une sorte de système général du monde, c'est bien sans l'avoir prémédité.

J'avais commencé à préparer des leçons sur le « Pouvoir » matière qui m'attirait depuis longtemps et, comme il convenait, afin de me procurer des comparaisons profitables, je m'étais muni de quelques renseignements sur l'énergétique. Le pouvoir peut en effet être considéré comme une sorte d'énergie sociale de nature mécanique. Mais, à peine avais-je établi dans mon esprit le rapprochement, je fus frappé davantage de la différence qu'il y a entre les deux notions; le pouvoir me parut être une certaine « représentation » que se font les hommes de l'énergie réelle qui circule dans l'organisme social et cependant cette représentation était elle-même une énergie sociale. Il y avait donc des énergies sociales « représentatives » à côté des énergies sociales réelles ou organiques.

A ce point de mes réflexions, j'avais tout au plus rejoint M. Fouillée, car, soit de la théorie des idées-forces due à ce philosophe, soit de la conception de l'organisme contractuel, on peut facilement faire sortir l'opposition de l'organique social et du représentatif social. Mais la voie des comparaisons énergétiques où je m'étais engagé devait m'entraîner plus loin. Je me demandai s'il n'y avait pas dans le monde d'autres exemples d'énergie représentative et si l'opposition de l'organique et du représentatif ne pouvait pas être relevée en toutes choses. Des souvenirs de physique sur les transformations des énergies de mouvement en chaleur et de la chaleur en énergies de mouvement remontèrent en ma mémoire ; l'idée me vint que la chaleur-lumière pourrait bien être une forme de l'énergie, représentative de la forme mouvement, et tout de suite j'argumentai de ce que les ondulations lumineuses contiennent réellement des représentations ; j'imaginai qu'à la représentation psychique des choses il y avait un précédent, la représentation fluidique, et spécialement calorique, des choses.

Il devenait nécessaire d'étudier la thermodynamique. N'étant point mathématicien, je redoutais cette étude ; elle me fut singulièrement facilitée par les travaux de M. H. Poincaré auxquels je tiens à rendre cet hommage qu'ils sont pour les profanes, non seulement accessibles, mais lumineux. Dans leur ensemble les principes de la thermodynamique me parurent confirmer mes vues plutôt que les infirmer ; toutefois cela ne m'eût peut-être pas suffisamment rassuré, mais lorsque j'eus bien compris la portée du principe de l'augmentation de l'entropie, j'éprouvai comme un saisissement. Là se trouvait la raison d'être du dédoublement de l'énergie en la forme mouvement et en la forme chaleur, la clef de l'opposition de l'organique et du représentatif; l'augmentation de l'entropie était le signe qu'il existe dans l'univers une « conduite »; cette conduite se réalise par l'application du représentatif à l'organique; elle se manifeste par la création du statique et par l'augmentation de la loi; elle a pour but la liberté des éléments. J'osai voir dans la thermodynamique « la science de la conduite des mouvements physiques » et j'en fis le pendant des sciences morales ou sciences de la conduite des mouvements sociaux.

Je dois sans doute ces dernières intuitions à mes idées préconçues de juriste, car un juriste ne saurait nier qu'il y ait une conduite du mouvement social et il est porté, d'une façon générale, à accorder une grande importance à l'idée de conduite. Dirai-je aussi, au risque de le compromettre, que certains passages très philosophiques de la thermodynamique de M. H. Poincaré me parurent pouvoir être tournés à mon avantage?

Telle est la genèse de la trilogie à laquelle je suis arrivé : mouvement, représentation du mouvement, conduite du mouvement. Comme toutes les constructions systématiques, celle-là est probablement trop simple pour être complètement vraie. J'ai cru cependant qu'elle contenait assez de vérité pour être donnée en des leçons dont le programme primitif se trouva singulièrement modifié. J'espère encore qu'elle en contient assez pour mériter que ces leçons soient publiées.

Les mathématiciens me pardonneront d'avoir usé d'une thermodynamique d'où les mathématiques sont exclues. Ils se souviendront que les principes essentiels de cette science, celui de Carnot-Clausius, comme celui de Mayer, sont, avant tout, des vérités d'expérience. Ils me

pardonneront aussi d'avoir, pour la commodité des applications sociales, détourné certaines expressions de leur
acception proprement scientifique. Ils voudront bien,
d'ailleurs, se reporter aux « notes et éclaircissements »
dont je dois les principaux éléments à l'obligeance de
M. Camille Dauzère, licencié ès-sciences physiques.

Quant aux sociologues et aux juristes, je les prie de considérer que cette doctrine sur le mouvement social, si sa
vérité apparaissait, présenterait des avantages certains :

D'abord, tout en confirmant la légitimité de l'organicisme elle montrerait les limites de cette théorie ; elle lui
enlèverait la prétention, admise si légèrement par tant
de gens, de servir de fondement direct à la morale et au
droit ; elle rétablirait l'Éthique sur son fondement véritable qui est le représentatif idéaliste, c'est-à-dire l'idéal ;
elle opérerait cette restauration *a posteriori* par des considérations et des analogies scientifiques qui ne feraient
que fortifier l'idéal traditionnel de liberté et de justice ;

Un second avantage de cette doctrine serait que le
« représentatif social » pour être distinct de « l'organique
social » n'en resterait pas moins objectif ; la sociologie
éviterait de s'engager dans la voie décevante du subjectivisme mental ; tout ne serait pas de l'organisme, mais tout
serait objectif, ainsi qu'il convient à l'objet d'une science ;

Enfin, il y aurait trois grandes directions dans la
sociologie : la direction organiciste, la direction représentative où M. Tarde a fait faire un si grand chemin
à la science avec ses *lois de l'imitation* et sa *logique
sociale,* la direction éthique ; les tendances d'esprit les
plus diverses trouveraient à se satisfaire.

Nonac, le 15 octobre 1898.

LEÇONS

SUR LE

MOUVEMENT SOCIAL

PREMIÈRE LEÇON

Le mouvement social.

Sommaire. — Objet des leçons : analogies à puiser dans la mécanique rationnelle et la thermodynamique, pour appuyer la théorie d'après laquelle il y aurait dans la vie sociale à la fois du mécanisme et de la liberté. — I. Le mouvement social. — A. Distinction du mouvement social et de la représentation du mouvement social. — B. Le mouvement, les énergies, les atomes; le système de Hertz, le système énergétique, le système des forces centrales atomiques. — C. Développements sur le mouvement social : *a*) nature de ce mouvement; *b*) le mobile état social; *c*) l'espace social; *d*) la direction et la mesure du mouvement social, la valeur, la cote à la Bourse, sorte de *différentielle*. — D. Application au mouvement social des principes de l'inertie, des mouvements relatifs, de l'égalité de l'action et de la réaction.

J'ai l'intention de rechercher les analogies que le mouvement social présente avec les mouvements physiques, par suite, de confronter la science sociale avec la mécanique rationnelle et la thermodynamique. Je vous dois quelques éclaircissements sur ce dessein.

Il est besoin qu'une science naissante établisse par des

analogies les relations qui l'unissent aux sciences déja
constituées. Ce faisant, l'esprit humain obéit au sentiment
qu'il a de l'enchaînement et du lien de continuité des phénomènes naturels; en même temps, les analogies constatées lui permettent de déterminer avec plus d'ex..titude
le contenu propre de la science nouvelle et d'en classer
les éléments essentiels; elles lui servent pour ainsi dire
de pierre de touche pour les théories.

La science sociale, dans sa période de formation, n'a
point échappé à la loi commune; les contributions les plus
importantes qu'elle ait reçues contiennent, à côté des
théories émises, des analogies invoquées. Il est cependant
une direction dans laquelle, à ma connaissance, on n'a pas
encore entrepris de comparaison suivie et où cependant il
serait nécessaire qu'il en fût institué.

La réalité sociale doit être conçue comme le produit du
mécanisme ou comme celui de la liberté; les sociologues
ne sauraient se soustraire à l'urgence de ce problème qui
s'agite au fond de toutes les existences, mais qui est particulièrement passionnant pour l'existence de la chose
sociale. Ils ont commencé par choisir l'un ou l'autre point
de vue, par l'adopter exclusivement et par chercher des
analogies à l'appui de leurs dires. Ceux qui penchèrent
pour le mécanisme en matière sociale, trouvèrent des analogies du côté de la biologie; les sociétés leur parurent
comparables à des organismes vivants. Ceux qui optèrent
au contraire pour la liberté trouvèrent des analogies du
côté de la Logique et du Droit; les accords sociaux leur
parurent comparables à des raisonnements syllogistiques
et finalement à des contrats juridiques (1).

(1) La théorie organiciste est celle des principaux sociologues de
ce siècle, Auguste Comte, H. Spencer, etc. On en trouvera à la fois

Cependant, à mesure que ces deux théories s'affirmaient, on sentait, et c'est là justement l'avantage du grossissement artificiel des analogies, que si toutes les deux contenaient une part de la vérité, ni l'une ni l'autre ne l'enfermait tout entière. Les sociétés parurent bien en partie comparables à des organismes, mais en partie aussi à des accords syllogistiques ou à des contrats. On soupçonna qu'il convenait de marier les deux théories, parce qu'en réalité mécanisme et liberté se trouvaient amalgamés. Ce sentiment nouveau s'est révélé en des œuvres bien connues, depuis celle où M. Fouillée, dès 1880, a lancé l'idée de la société organisme-contractuel, jusqu'à celle toute récente où M. Marcel Bernès a cru pouvoir expliquer le passage de la liberté au mécanisme par la consolidation successive d'une réalité qui devient [1].

Il s'est donc constitué au sujet de la réalité sociale une troisième théorie, conciliatrice des deux premières. Or, cette troisième théorie, à son tour, aurait besoin de subir l'épreuve des comparaisons scientifiques ; des analogies constatées la fortifieraient singulièrement ; en même temps, elles fourniraient des indications sur le procédé employé par la vie sociale pour opérer la synthèse que l'on suppose entre le déterminisme et la liberté. C'est

l'exposé complet et la bibliographie critique dans l'ouvrage de M. René Worms, *Organisme et société*, Paris, 1895. — La théorie contractuelle est celle, bien connue, des premiers théoriciens du droit des gens et de Rousseau. — Quant à la théorie logique, qui d'ailleurs ne se réclame pas aussi ouvertement de la liberté, j'en vois pour principal représentant, outre les philosophes logiciens, M. Tarde dans sa *Logique sociale*, passim, not., p. 65 « une nation est un syllogisme complexe, etc. ».

(1) M. Fouillée, la *Science sociale contemporaine*, 1880 ; M. Marcel Bernès, *Sociologie et morale*, 1896, passim, not., p. 25, 50.

à la recherche de ces analogies scientifiques que je me suis attaché. J'ai voulu trouver une science qui nous apportât, dans des phénomènes physiques, l'exemple de transformations comparables à celles que seraient, en matière sociale, le passage de la liberté au mécanisme ou du mécanisme à la liberté. Cette science existe, c'est la thermodynamique. Il y a, dans les phénomènes thermodynamiques, des transformations du mouvement en chaleur et de la chaleur en mouvement, à l'occasion desquels les mathématiciens eux-mêmes sont obligés de se poser la question de la liberté et de la conciliation d'une certaine liberté avec un certain mécanisme [1].

Il s'agit donc d'établir des analogies entre la thermodynamique d'une part, la science sociale de l'autre. Si je vous ai parlé aussi de la mécanique rationnelle, c'est que la connaissance du mouvement et des énergies du mouvement est un préalable indispensable à l'intelligence des phénomènes thermodynamiques. Nous commencerons par des analogies entre le mouvement social et les mouvements physiques, entre les énergies sociales et les énergies physiques ; après ces préliminaires mécaniques, nous aborderons les analogies que présente la conversion du mouvement social en sa représentation, avec la conversion du mouvement physique en cette énergie représentative qu'est la chaleur.

Envisageons de plus près notre objet. Il est bien entendu que nous ne demandons à la mécanique et à la thermodynamique que des analogies. Nous cherchons, grâce à des comparaisons, à mieux connaître et à mieux classer les éléments de la société ; nous n'avons point

_____

(1) M. H. Poincaré, préface de la *Thermodynamique*.

l'intention de ramener les phénomènes sociaux à des phénomènes de mouvement, ce qui serait du même coup, y
ramener les phénomènes psychologiques. En cela nous
nous éloignons de la doctrine de l'évolution. Cette doctrine, plutôt philosophique que scientifique, a la préoccupation de réduire à l'unité toutes les existences du monde.
Cette préoccupation nous ne l'avons point. Nous procla-
mons, au contraire, la réalité qualitative distincte des
faits sociaux; dans les faits sociaux, la réalité distincte de
l'élément biologique ou organique et de l'élément logique,
nous cherchons seulement à expliquer la combinaison de
ces deux éléments. J'ajoute que la doctrine de l'évolution
Spencérienne, tout en essayant d'utiliser la mécanique,
a fait fausse route, parce qu'elle a été exclusivement
mécaniste; elle a accordé trop d'importance au principe
de la conservation de l'énergie, d'apparence mécaniste,
et pas assez aux principes de la thermodynamique qui
sont des lois de liberté; elle a ainsi manqué le but en
science sociale parce que, seules, ces lois thermodynamiques jettent quelque lumière sur la possibilité de
la liberté.

Si nous ne cherchons point à ramener la société à
d'autres formes d'existence, nous n'aurons pas davantage,
avec nos analogies, la prétention de déterminer son être
essentiel. Nous nous arrêterons aux formes de la solidarité. A la vérité, nous affirmerons l'existence d'une solidarité de la conduite, et par suite, la nécessité de la morale et du droit; mais ce sera d'un point de vue formel,
nous ne chercherons pas à déterminer le contenu de cette
morale ni de ce droit; nous le rattacherons simplement à
l'élément de liberté. C'est en ce sens, d'ailleurs, que la
thermodynamique révèle l'existence d'une sorte de con-

duite de l'univers physique qui se caractérise par la marche du dynamique au statique *propter libertatem*.

Je prévois six leçons, y compris celle-ci. La première et la deuxième seront consacrées à l'étude du mouvement social et des énergies qu'il recèle; la troisième à la « représentation » du mouvement social; la quatrième à la conversion du mouvement social en sa « représentation » et inversement; la cinquième aux deux premières formes de solidarité, l'organique et la « représentative »; la sixième à la solidarité de la conduite.

A. Sans autre préambule, j'aborde l'étude du mouvement social. Je distingue profondément deux ordres de phénomènes; le mouvement social que je compare au mouvement physique; la représentation du mouvement social que je compare aux phénomènes d'ordre thermique. Le mouvement social, rapporté à l'homme comme à sa cause, correspond à l'activité individuelle; la représentation du mouvement social correspond à la réflexion que l'homme exerce sur sa propre activité ou à la jouissance qu'il en tire. Il est certain qu'il y a là deux catégories de faits très nettes; d'une part, l'homme agit, et, d'autre part, il se regarde agir. La même opposition apparaît si nous envisageons le mouvement social comme résultant d'événements indépendants de l'homme. D'une part, ces événements se produisent; d'autre part, l'homme réfléchit sur eux ou en jouit. Remarquez bien que je place le point de partage, non pas dans le fait de la conscience, mais dans celui de la réflexion ou de la jouissance. Je ne distingue pas entre une activité de l'homme qui serait inconsciente, et la conscience que l'homme prendrait ensuite de cette activité. Non, d'un côté je place l'activité de l'homme, consciente ou inconsciente, et de l'autre, ou bien la jouissance qui déjà dépasse la conscience, ou bien la réflexion qui la dépasse aussi et qui aboutit à des idées. J'appellerai cette réflexion *conceptualiste*, parce qu'elle est caractérisée par l'existence de concepts arrêtés qui introduisent dans la représentation du mouvement quelque chose de nouveau, la discontinuité, et par conséquent la liberté [1]. Remarquez encore que ces deux catégories de faits s'engendrent l'une l'autre. L'activité humaine engendre réflexion et jouissance; la réflexion et la jouissance engendrent l'activité. Par conséquent, le mouvement social engendre des représentations mentaï ·· et ces représentations mentales à leur tour engendrent le mouvement social. Il n'y a pas cercle vicieux, il y·a succession de phénomènes dont nous déterminerons le processus par analogie avec la succession des phénomènes thermodynamiques. Nous verrons, en effet, que le mouvement physique se transforme en des énergies représentatives, dont la principale est la chaleur, e' que les énergies représentatives à leur tour, se retransforment en mouvement.

B. L'ordre d'idées auquel correspond le mouvement social étant ainsi compris, indiquons les analogies qu'il présente avec les mouvements physiques. La comparaison, je vous en avertis, ne sera pas poussée au degré mathématique. Bien que les mathématiques aient été appliquées avec·un certain succès à des branches de l'économie politique, notamment à la catallactique ou science des échanges [2], bien que d'ailleurs, théoriquement, l'ap-

---

(1) V. G. Dumesnil, *Du rôle des concepts*, Paris. 1892. — Il est clair que par là je me sépare de Schopenhauer (bien que je paraisse lui emprunter l'expression de « représentation »), et de toutes les philosophies qui opposent le conscient à l'inconscient; j'oppose l'action au concept de l'action.

(2) Voir les travaux de Cournot, *Recherches sur les principes ma-*

plication à la matière sociale de la méthode quantitative
puisse se justifier, je croirais prématuré d'en faire l'essai
pour la science sociale générale. Cela nous interdira les
calculs et la solution des problèmes. Nous ne pourrons
pas dire que nous organisons une *mécanique sociale*,
car la mécanique a pour objet de résoudre des problèmes par le calcul, ceux-ci notamment : « trouver le
mouvement que prend un système de corps sous l'action
de forces données — trouver les forces capables d'impri-
mer à un système de corps un mouvement donné ». Nous
ne pourrons même pas démontrer que les principes de la
mécanique, tels par exemple que le principe de la conservation de l'énergie, ou ceux de la thermodynamique tels
que l'augmentation de l'entropie, s'appliquent en matière
sociale de façon mathématique. Mais cela nous importe
peu. Encore une fois nous n'avons point l'intention de ramener les phénomènes sociaux à ceux du mouvement, ni
par conséquent la science sociale à la mécanique ou à la
thermodynamique. Il nous suffira de constater des analogies frappantes, or, elles peuvent l'être sans pour cela
affecter la rigueur mathématique.

La notion du mouvement est inséparable de celle de la
force ou de l'énergie qui se dégage dans le mouvement ou
qui provoque le mouvement; inséparable aussi de la notion de matière, de molécule ou d'atome, car les atomes de
la matière sont les mobiles du mouvement, les points
d'application des forces, et sont peut-être aussi des centres
de force. Selon que l'on combine les trois notions fondamentales de mouvement, d'énergie, d'atomes, on obtient

thématiques de la théorie des richesses, 1838; de Stanley Jevons,
Gossen, Walras, etc.

trois grandes hypothèses mécaniques qui, à l'heure actuelle, sont utilisées toutes les trois par la science [1]. Les mouvements des systèmes de corps s'expliqueraient :

1° Par des mouvements premiers. Le mouvement serait donné d'abord; ce que nous appelons énergie ou force, ou bien serait un produit du mouvement, ou bien serait une fausse apparence, les mouvements étant transmis à distance, non par des forces, mais par des liaisons invisibles. Cette hypothèse, organisée tout récemment de façon géniale par l'allemand Hertz [2], après toutefois des travaux préliminaires d'Helmoltz et de sir William Thompson, n'est au fond qu'une traduction mathématique des conceptions cartésiennes sur l'espace plein et sur les tourbillons [3];

2° Par la circulation de l'énergie. La force serait donnée d'abord; elle existerait en soi, indépendante des molécules de la matière; sa transformation et sa circulation expliqueraient tous les mouvements. Cette hypothèse dite *énergétique* s'est organisée après la découverte du principe de Mayer sur la conservation de l'énergie. La doctrine de l'évolution Spencérienne en est une application célèbre;

3° Par les forces centrales des atomes. L'élément pre-

---

(1) Cfr. H. Poincaré, *Les idées de Hertz en mécanique*, Revue générale des sciences, 30 sept. 1897.

(2) Hertz, *Gesammte Werke, Dritter Band : die prinzipien der mechanik*, Leipzig, 1894. — Cfr. article de Poincaré précité, et article de Cailler, *Les principes de la mécanique de Hertz*, archives des sciences physiques et naturelles, Genève, année 1895, p. 5.

(3) Plus loin nous verrons que ces liaisons seraient en réalité *représentatives* et que l'espace serait plein en ce sens qu'il serait rempli de représentations des mouvements. — V. cinquième leçon, p. 91.

mier serait l'atome doué de forces; il n'y aurait plus
séparation, mais union, entre la matière et la force; les
mouvements seraient la conséquence du jeu des forces
atomiques ou moléculaires. Cette hypothèse est dite *classique;* elle est la seule qui jusqu'ici explique convenablement l'attraction universelle.

Nous verrons qu'en matière sociale, les trois hypothèses
trouvent concurremment leur application et que notamment
elles contribuent à l'explication des formes principales de
la solidarité. Toujours est-il, que dans nos deux premières
leçons consacrées au mouvement social nous devons étudier trois choses : 1° le mouvement social; 2° les énergies
sociales circulantes; 3° les forces individuelles des hommes
considérés comme atomes sociaux.

C. *a*) Le mouvement social n'est pas un déplacement
local dans l'espace géométrique. Sans doute, la vie sociale
suppose des déplacements locaux, circulation de voyageurs et circulation de marchandises; il y a même des
peuples nomades à côté des peuples sédentaires; mais si
ces déplacements sont de nature à influer sur le mouvement social proprement dit, ils ne le constituent pas, et
par exemple un peuple nomade peut rester très longtemps
stationnaire au point de vue de son état social. On pourrait croire cependant que, tout au moins par les artifices
de la statistique, le mouvement social est réductible au déplacement dans l'espace géométrique. En effet, les numérations de la statistique aboutissent à des graphiques, c'est-
à-dire à des figurations de mouvements géométriques; en
démographie, par exemple, on compte les naissances, les
mariages, les décès, les suicides qui se produisent pendant
une certaine période; par la comparaison des chiffres
des diverses périodes, on obtient une courbe qui paraît re-

présenter un mouvement. Mais ce n'est pas le mouvement
social que l'on représente ainsi, c'est seulement le mouvement de certains faits sociaux, de ceux qui se répètent et
peuvent être comptés ; l'ensemble des modalités sociales,
l'état social d'un moment donné ne se répète point, par
conséquent échappe à la numération et à ses représentations graphiques. Le mouvement social est uniquement
une modification d'état social, le changement d'état d'une
matière sociale composée de rapports entre des hommes ;
il comporte à la fois variation dans la quantité de ces rapports et dans leur forme.

Mais si cette évolution n'est pas un déplacement local dans l'espace géométrique, elle n'en est pas moins
un mouvement *comparable* à ce déplacement local. C'est
un mouvement, car il y a un mobile, un espace spécial
dans lequel se déplace ce mobile, des points de repère pour
apprécier le déplacement. Or, il y a mouvement physique
lorsque la position d'un mobile varie dans l'espace géométrique par rapport à un point de repère. D'ailleurs,
la thermodynamique est définie par certains mathématiciens, la science « des modifications d'état » ce qui sous-
entend que les modifications d'état se ramènent à du mouvement et à de la chaleur [1].

b) Le mouvement social a un mobile, lequel est un certain *état social ;* cet état social comporte à la fois des
hommes et des institutions ou rapports entre les hommes ;
il est impossible de séparer les institutions des hommes,
puisqu'elles ne sont que des rapports entre les hommes,
ou du moins on n'obtiendrait ainsi que l'état social abstrait,
tandis que je l'envisage comme concret. L'état social ré-

[1] V. Duhem, *Traité élémentaire de mécanique chimique fondée
sur la thermodynamique,* Paris, 1897.

pond à la première condition exigée d'un mobile, il obéit au principe de l'inertie : « lorsqu'il est au repos, si aucune action extérieure ne s'exerce sur lui, il reste en repos; lorsqu'il est en mouvement, si aucune action extérieure ne s'exerce sur lui, son mouvement est rectiligne et uniforme ». Nous reviendrons dans un instant sur le principe d'inertie, en ce moment je veux seulement vous faire comprendre que l'*état social* est bien le mobile du mouvement social, puisque par lui-même il est inerte. Non seulement l'état social est un mobile, mais c'est un mobile qui possède une certaine masse. D'après la définition de Newton, la masse d'un corps est le produit de sa densité par son volume; on a renoncé en mécanique rationnelle à cette définition à raison de la difficulté de la notion de densité, mais ici la densité de l'état social apparaît nettement, c'est la multiplicité plus ou moins grande des rapports sociaux entre les mêmes hommes, et l'on peut, non pas opérer, mais imaginer une sorte de multiplication de cette densité sociale par le volume de la société donnée; le produit, non point mesurable, mais appréciable, donnera la masse de l'état social. Cette masse devra influer sur l'accélération des mouvements sociaux; une même invention introduite dans une société de petit volume et de petite densité, par conséquent de petite masse, ne produira point les mêmes modifications que si elle est introduite dans une société à grosse masse. L'accélération du mouvement sera-t-elle inversement proportionnelle à la masse, ainsi que cela se produit en matière physique? Elle le serait s'il ne se produisait pas, en même temps que le mouvement, des complications représentatives [1].

(1) Il est clair, par exemple, que la propagation imitative d'une in-

Mais comme tout mouvement social suscite du représentatif accompagné de vouloir, comme le dégagement de représentatif semble, lui, directement proportionnel à la masse, si ce représentatif prend la même direction que le mouvement, les transformations des sociétés à grande masse peuvent se trouver très accélérées. Cette complication explique l'anomalie apparente de certaines transformations rapides qui de nos jours se sont produites dans des sociétés à masse considérable, par exemple la transformation industrielle de l'Allemagne ou la civilisation subite du Japon; elle explique aussi, d'une façon générale, la soudaineté des révolutions.

c) Le mouvement social se produit dans un espace spécial qui est le lieu des possibles sociaux, de même que l'espace physique est le lieu des possibles physiques. J'ai tenté ailleurs la construction de cet espace social et je ne puis que me répéter brièvement[1] : je lui vois trois dimensions essentielles, la population, le langage et le crédit. La population est un espace ouvert aux sociétés, car elle permet à chacune de se faire sa création spéciale d'hommes et de besoins. Le langage est un espace ouvert, car il permet à chaque société de se faire sa création de croyances communes. Le crédit est un espace ouvert, parce qu'il

---

vention doit être plus lente dans une société qui a plus de volume; et aussi que les modifications qu'elle tend à produire doivent être entravées par la densité des rapports préexistants.

[1] *La science sociale traditionnelle*, p. 261 et s. Si d'ailleurs, on répugne particulièrement à cette conception de l'espace social, on sera libre de voir dans les trois éléments essentiels que j'indique (population, langage, crédit) les trois principales *variables* ou les trois principaux *paramètres* par rapport auxquels s'apprécient les modifications de l'état social. On restera ainsi strictement dans les données de la thermodynamique.

permet à chaque société de réaliser sa volonté et sa conduite (1). Dans chacune de ces trois directions toute
société occupe une certaine grandeur, et c'est ce qui
détermine son volume. Je crois, en effet, qu'en combi-
nant les trois éléments suivants : la population d'un
pays, la zône d'influence de sa langue, l'importance de
son crédit, on obtient un résultat qui équivaut à la notion de volume. C'est, comme on dit, *la place occupée
dans le monde* par ce pays. Si la population d'un pays dé-
croît, si l'influence de sa langue diminue, si.son crédit
s'affaiblit, ce pays-là perd de son volume.

Dans cet espace social il y a des points de repère qui
sont des points de comparaison avec telle autre société en
mouvement, ou telle autre société stationnaire. Il y a même
des points de repère absolus, car il existe des états sociaux
tellement rudimentaires que pratiquement on peut les considérer comme un commencement.

d) Le mouvement social a une direction, il implique
croissance ou décroissance, progrès ou régression, civilisation ou retour à la barbarie. Il a aussi des vitesses, des
accélérations et des ralentissements.

Enfin, il a une mesure qui s'applique à la fois à sa
direction et à sa vitesse. De tout temps les hommes ont su
apprécier sommairement le mouvement social dont ils

---

(1) Il faut entendre par crédit la *bona fides*, cette confiance
d'homme à homme qui est nécessaire à tous les rapports sociaux, même
quand ils ont un caractère juridique. A notre époque, le crédit a re-
vêtu un aspect économique dont les particularités ne doivent pas
nous faire oublier le rôle universel de la *bona fides*. L'homme, qui le
premier est passé devant un autre sans avoir peur d'être assassiné
par derrière, a fait un acte de confiance, tout comme celui qui le premier a prêté une somme d'argent. La *bona fides* est ce qui permet
aux relations sociales d'être « opérées ».

étaient les témoins; ils ont toujours eu une opinion plus ou moins exacte *sur la façon dont vont les affaires.* Mais de nos jours, grâce au régime capitalistique dont nous jouissons, il s'est créé spontanément une mesure indirecte, très efficace, qui n'est autre que la *valeur* des entreprises sociales et qui se traduit par les mouvements de la cote à la Bourse. Cette mesure quasi-mathématique du mouvement social est née de ce fait que les principales entreprises sociales, et à ce point de vue les nations sont conduites comme des entreprises, ont emprunté des capitaux jusqu'à concurrence de leur force de crédit. Dès lors le capital emprunté est devenu fonction de leur état social; comme le capital est une marchandise qui se vend en Bourse et dont la valeur est cotée à chaque marché, sa cote est devenue fonction de la valeur de l'état social et le mouvement de la cote fonction du mouvement de l'état social. La cote à la Bourse d'une valeur se conduit donc à la façon d'une *différentielle.*

Insistons sur ce point. Un pays comme la France est représenté à l'heure actuelle par les nombreux milliards de sa dette publique, son 3 0/0, son 3 1/2, sa dette départementale et communale; une entreprise comme une compagnie de chemins de fer ou le Crédit foncier, est représentée par un certain nombre de millions d'actions ou d'obligations. Or ces titres de rentes, ces actions ou obligations ont une valeur pécuniaire, valeur mobile, soumise à des hausses et à des baisses. Ces mouvements de la cote sont en partie le résultat du jeu, de l'agiotage, mais en partie aussi de la spéculation raisonnable; et la spéculation n'est autre chose que l'appréciation faite par les savants perspicaces que sont les financiers, du mouvement social de la nation française, du mouvement de la compagnie de chemins de fer, du Crédit foncier, etc..., ce mouvement est jugé par rapport à un développement possible du pays et de l'institution; par conséquent, il est fonction de ce développement.

Les financiers tiennent compte de tout, dans leurs appréciations, des faits susceptibles de statistique tels que ceux qui intéressent la population, les récoltes de l'année, etc., et aussi des éléments insusceptibles de statistique tels que les modifications dans l'organisation sociale, dans les statuts d'un établissement, la direction politique du moment, la direction financière, les brevets d'inventions en portefeuille, etc.,... en un mot de tout ce qui est contenu dans cette expression si compréhensive « les affaires ». Les affaires vont bien, la cote monte; les affaires vont mal, il y a un ralentissement dans le mouvement, la cote baisse.

En réalité, la spéculation opère une conversion du qualitatif en quantitatif. Le capitaliste qui commandite un industriel apprécie la qualité de l'homme et aboutit à cette conclusion : cet homme vaut tant de dollars.

Assurément, cette mesure du mouvement social est grossière; elle ne s'applique point à toutes les institutions sociales, car toutes ne sont pas mises en valeur de Bourse, toutes les entreprises ne sont pas montées par actions ou obligations; tous les travailleurs ne sont pas commandités; d'un autre côté, bien que les États soient très endettés, on ne peut pas dire qu'ils aient emprunté tout ce que représenterait leur état social propre [1]. L'ap-

---

[1] Il est à remarquer que c'est par l'emprunt, c'est-à-dire par un appel au milieu, que les organisations sociales se donnent un moyen de mesurer leur valeur de mouvement. Les emprunts sont en réalité perpétuels — à l'infini — de sorte que c'est une sorte de procédé infinitésimal.

préciation est trop momentanée, elle varie trop vite; il y a bien des causes d'erreur. Enfin la traduction monétaire de la valeur est tout à fait empirique. Malgré tout, il y a une approximation : Le turc 4 0/0 est à 21 francs; le 3 0/0 français est à 103 francs; cela indique que la valeur financière de la Turquie est inférieure à celle de la France, donc que l'état social en Turquie est d'une qualité moindre qu'en France, qu'il n'est pas au même degré de développement, — pas animé du même mouvement.

Véritablement, j'ai eu tort de vous dire en débutant que nous n'avions point la prétention de trouver au mouvement social des analogies mathématiques avec les mouvements physiques; nous sommes en plein dans ces analogies et voilà que nous découvrons les éléments d'un calcul différentiel.

D. Enfin, le mouvement social me paraît soumis aux mêmes principes fondamentaux que les mouvements physiques. Ces principes sont au nombre de trois, celui de l'inertie, celui des mouvements relatifs, celui de l'égalité de l'action et de la réaction.

Le principe de l'inertie dont je vous ai déjà dit un mot a été formulé élégamment par Hertz de la façon suivante : « tout système libre persévère dans son état de repos ou de « mouvement uniforme suivant la ligne la plus droite ». Cette tendance à persévérer, soit dans le repos, soit dans une direction donnée, tant qu'il ne survient pas de force étrangère, est tout ce qu'il y a de plus frappant en matière sociale. C'est ce qu'on appelle l'empire de la coutume. Bagehot l'a montré en des pages définitives, l'immobilité coutumière est la règle chez les nations; la tendance au

changement l'exception [1]. Le changement provient de
l'incidence de forces, qui d'ailleurs peuvent être des inventions autochtones, par lui-même l'état social est inerte. C'est
pour cela que l'on peut rapporter tel développement de la
civilisation à telle doctrine, à telle invention, et d'une façon
générale déterminer les conséquences sociales d'un événement. C'est pour cela que la philosophie de l'histoire est
possible; c'est pour cela que Spencer a pu écrire son célèbre essai sur l'influence des chemins de fer.

Le principe des mouvements relatifs s'exprime ainsi :
« quand, sous l'action de certaines forces, un système de
points matériels, indépendants les uns des autres, ont un
mouvement commun de translation dans l'espace, si une
force nouvelle agit sur l'un des points, le mouvement relatif que prend ce point dans le système est indépendant
du mouvement général de translation du système, c'est-
à-dire est le même que si le système était au repos ».
C'est en vertu de ce principe que les mouvements relatifs
des corps à la surface de la terre sont indépendants du
mouvement de translation de la terre autour du soleil.
Cela s'applique d'une façon très satisfaisante au mouvement social, avec cette observation qu'il n'y a point
d'hommes complètement indépendants des autres hommes,
pas plus d'ailleurs que les points matériels ne sont indépendants de façon absolue. Mais par exemple, il est certain que si, pour un peuple donné, on distingue les relations internationales et les relations nationales, les mouvements de la richesse nationale, en tant qu'ils créent à l'intérieur des inégalités sociales, qu'ils font des riches et

(1) Bagehot, *Lois scientifiques du développement des nations*, 4°
édit., 1882.

des pauvres, ne sont guère modifiés dans leur importance
relative par la situation internationale du pays. Un pays
peut être très pauvre au point de vue international et
contenir de grandes inégalités de fortune; un pays peut
être très riche au point de vue international et contenir
très peu de fortunes inégales.

Le principe de l'égalité de l'action et de la réaction s'exprime par cette formule simplifiée : « si un point matériel
exerce une action sur un autre point matériel, il se développe en ce point une réaction égale et opposée ». Ce
principe s'applique encore certainement en matière sociale.
Lorsque deux civilisations se rencontrent, que l'une commence à agir sur l'autre, celle-ci ne tarde pas à réagir sur
la première. L'égalité de l'action et de la réaction est ici
difficile à établir; mais la réciprocité de l'action est certaine. C'est en vertu de ce principe que la civilisation
Asiatique a si souvent corrompu la civilisation européenne,
après avoir d'abord subi son ascendant. Et il ne faut pas
s'en tenir à l'exemple trop synthétique du choc des civilisations. Toute rencontre entre des institutions sociales
produit le même résultat. L'État moderne a mis la main
sur la banque et sur la finance, mais la banque et la
finance ont mis la main sur lui. Tout rapport social finit
par devenir réciproque, l'autorité finit par créer contre
elle-même des droits, le maître grandit l'esclave ou bien
l'esclave rapetisse le maître, le chef est souvent obligé de
suivre ses troupes; l'unilatéral n'est qu'une exception
passagère, il tend par lui-même au bilatéral. Toute action
sociale, politique ou économique, provoque une réaction.
En politique, on connaît assez la distinction des partis en
parti avancé et parti réactionnaire. Sans doute, on ne
saurait affirmer que dans les faits toute réaction soit égale

à l'action, mais on est bien obligé de constater que l'humanité tend vers cet idéal, puisque le plus efficace ressort du progrès est la passion de l'égalité sociale, égalité qui se réalise lentement à travers les actions et réactions[1].

(1) V. *La science sociale traditionnelle,* p. 79 et s.

DEUXIÈME LEÇON

Le mouvement social (*Suite*).

Sommaire. ... — II. L'énergétique sociale ; les diverses formes de l'énergie sociale circulante, potentiel, vitesse acquise, énergie totale. — A.
Le potentiel social, potentiel de position, potentiel d'accumulation
(inventions et richesses), potentiel de tension, potentiel individuel.
— Du travail développé par le potentiel : — B. La vitesse acquise
en matière sociale ; la notoriété fonction de la vitesse acquise ;
la vitesse acquise due à la coopération des énergies du milieu.
— C. La transformation du potentiel social en vitesse acquise et
inversement. — Application du principe de la conservation de
l'énergie et du principe de la moindre action.

III. Les forces individuelles des hommes : *a*) le désir, énergie organique ; *b*) la croyance, énergie représentative ; *c*) la volonté, énergie
de conduite — similitudes et différences des hommes comme sources
de forces — polarisation égoïste ou altruiste des forces individuelles.

Nous avons maintenant à nous occuper de la circulation
des énergies qui se dépensent dans le mouvement social
et nous ne pourrons qu'effleurer ce sujet très vaste. L'é-
nergétique sociale comporte : la définition des diverses
formes de l'énergie, le potentiel, la vitesse acquise, l'é-
nergie totale ; la démonstration des transformations du potentiel en vitesse acquise et inversement ; l'application par
analogie du principe de la conservation de l'énergie et
de celui de la moindre action.

I. *L'énergie potentielle d'un système, à un moment donné, est le travail utile maximum qu'il est possible de se procurer en n'utilisant que les forces intérieures du système, sans utiliser les vitesses acquises par ses points* $(t = p)$ [1].

Pour représenter un « système » supposons une maison de commerce, la maison Durand armateur. Nous la prenons à ses débuts; elle n'a pas encore de vitesse acquise, c'est-à-dire pas de notoriété, pas de clientèle; elle a seulement un personnel qui vient de se grouper et des capitaux en argent et en navires. Ce personnel et ces capitaux constituent ses forces intérieures, et par conséquent son énergie potentielle, plus ou moins grande selon la capacité des directeurs, le zèle des employés, la qualité des navires. Les premiers contrats d'affrètement passés représenteront le travail utile qu'il était possible d'obtenir avec ce seul potentiel.

La vitesse acquise ou énergie cinétique d'un système, à un moment donné, est le travail utile maximum qu'il est possible de se procurer en n'utilisant que les vitesses acquises à cet instant par les différents points du système, sans utiliser aucune des forces intérieures qui le sollicitent

$$\left(t = \frac{m \sqrt{2}}{2} \right) \text{ [2]}$$

La maison Durand n'en est plus à ses débuts; elle compte plusieurs années d'existence; elle a de la notoriété et de la clientèle, c'est-à-dire de la vitesse acquise; il lui vient évidemment des affaires, non plus à raison de sa bonne organisation intérieure ou de ses capitaux, mais à raison de sa vitesse acquise; elle produit encore un tra-

---

(1) Appel, *Traité de mécanique rationnelle*, 1896, t. II, p. 118.
(2) Appel, *eod.*

vail utile, proportionnel à sa masse. Au déclin des entreprises et à la veille des faillites, on voit ce phénomène ; il
n'y a plus de capital, il existe au contraire un passif, la direction est abandonnée à l'aventure ; pendant quelque
temps la maison marche encore sur sa réputation.

Normalement, d'ailleurs, l'énergie potentielle et la vitesse acquise ne se séparent point, elles se combinent pour
former l'énergie totale.

*L'énergie totale d'un système, à un instant donné est
le travail utile maximum qu'il est possible de se procurer
en utilisant les vitesses acquises et les forces intérieures
du système* $\left(t = p + \dfrac{m \sqrt{\imath}}{2} \right)$ [1]

C'est la maison Durand dans la bonne période de son activité, jouissant encore d'une bonne direction, d'une réserve de capitaux et ayant déjà la vitesse acquise que
donne la notoriété.

— Il convient d'insister sur les deux premières formes
de l'énergie : le potentiel et la vitesse acquise.

A. En physique, il y a plusieurs formes de potentiel. Il
y a d'abord le potentiel de position dont l'existence est
due à la pesanteur ; un corps placé à une certaine hauteur
a du potentiel par cela même qu'en tombant il peut développer un certain travail ; dans une chute d'eau, chaque
goutte qui arrive au sommet du barrage a un potentiel
qui dépend de la hauteur de chute.

Il y a ensuite le potentiel d'accumulation, dont le
type est l'énergie électrique emmagasinée dans les
accumulateurs ; le potentiel de tension dont le type est
la force d'expansion des gaz et mélanges détonnants ;
enfin le potentiel moléculaire ou atomique, si l'on

(1) Appel, eo1.

admet que les atomes soient centres de force.

En matière sociale on retrouve les mêmes variétés de potentiel :

D'abord, le potentiel de position. Il résulte en premier lieu, soit pour les peuples, soit pour les individus des inégalités de l'habitat. La situation insulaire de l'Angleterre a pour celle-ci la valeur d'un potentiel au point de vue commercial : 1° en lui économisant les armées permanentes, 2° en ouvrant toutes ses frontières au commerce maritime. L'occupation d'un terrain plus fertile donne à son possesseur un potentiel qui est un avantage dans la lutte sur le marché agricole et qui s'appelle la rente. — Le potentiel de position résulte en second lieu de l'organisation sociale; celle-ci en investissant certains hommes de fonctions publiques et en leur donnant les moyens de remplir ces fonctions, les place dans une situation éminente d'où ils peuvent faire sentir leur poids aux autres hommes; leur volonté acquiert une pesanteur, elle devient un ordre.

Le potentiel d'accumulation me paraît représenté dans la société par deux éléments, dissemblables en apparence, mais que l'économie politique réunit cependant dans la notion du capital : les idées ou inventions et les richesses. — Les idées ou inventions sont une réserve d'énergie en tant qu'elles sont susceptibles de se traduire en actes, idées morales ou religieuses, artistiques ou littéraires, aussi bien qu'inventions industrielles. Or, cette énergie est essentiellement accumulable. C'est l'accumulation des idées, bien plus que l'outillage matériel, qui constitue le potentiel de la civilisation occidentale et qui fait sa supériorité; d'autant que par leur organisation scientifique ces idées sont toujours et immédiatement utilisables. — Le potentiel des richesses consiste en ce qu'elles sont infiniment désirées par les hommes et en ce que ceux-ci sont toujours prêts à fournir du travail pour en acquérir la possession; elles sont évidemment accumulables. Il est à remarquer que le potentiel richesse, sous forme de capital, est fréquemment prêté à l'entreprise qui en a besoin; que par conséquent, il est fourni par le milieu social. Ainsi le milieu social, qui déjà donne aux richesses leur valeur par son élément désir, facilite encore leur emploi par son élément crédit. Nous retrouverons, à propos de la vitesse acquise, un nouveau cas de coopération du milieu social au développement des énergies.

Le potentiel de tension est représenté par les sentiments plus ou moins violents qui se dégagent dans les réunions d'hommes ou dans les cercles sociaux, qui souvent provoquent de véritables explosions, qui toujours donnent une sorte de corps aux groupements et sont la base organique de leur individualité; c'est un potentiel de tension qui électrise un auditoire, qui surexcite le patriotisme d'un pays, qui établit l'émulation dans une classe. Les sentiments qui fournissent la tension sont de haine ou d'amour. Le procédé habituel pour déterminer la tension est la concurrence, la rivalité, ce peut être cependant l'exaltation des sentiments généreux.

Enfin le potentiel moléculaire ou atomique est représenté par le potentiel individuel humain. Ici, il est certain que chaque individu humain, atome social, est centre de forces, mais je réserve le développement de ce point de vue pour la fin de la leçon.

— Tout potentiel social est susceptible de développer du travail. Le travail a plusieurs acceptions, il y a le sens de l'économie politique et le sens social proprement dit, sans compter le sens intellectuel ou moral. Au sens social, le travail est toute création de relations sociales ou d'œuvres sociales; à ce point de vue, le travail de la maison Durand armateur consistait en contrats d'affrètements passés et en relations commerciales nouées. Au sens économique, le travail est toute création de richesse ou de valeur; à ce point de vue, le travail de la maison Durand consistait à faire circuler des richesses et par suite à augmenter leur valeur. Le point de vue économique a quelque chose d'abstrait par cela même qu'il est quantitatif ou numérique. On est plus près de la réalité concrète, si l'on définit le travail social : création de relations sociales. D'autant mieux que le travail économique, qu'il soit agricole, industriel ou bien encore intellectuel, aboutit toujours finalement à la création de rapports sociaux. Cela est clair pour le travail de l'inventeur dont l'invention devient source de complications et de modifications sociales. C'est clair aussi pour le travail industriel, à raison d'un phénomène bien intéressant : le potentiel social ne se transforme pas directement en travail matériel en gardant sa valeur propre, il faut qu'il passe par un état représentatif intermédiaire, qu'il prenne la qualité d'un *pouvoir* exercé par un homme sur un autre homme et de nature à déterminer celui-ci à fournir le travail. Or, ce passage du réel au représentatif ne se produit point sans créer entre les hommes des relations sociales. Si par exemple les patrons, détenant le *potentiel* richesse, obtiennent du travail des ouvriers, c'est parce que ceux-ci sentent le *pouvoir* de l'argent du patron et par conséquent du patron; mais cela ne va point sans complications représentatives qui créent des rapports spéciaux, qui motivent des grèves, qui nécessitent toute une législation ouvrière, etc. Cela correspond à cette loi de la thermodynamique que tout travail développé est accompagné d'un dégagement de chaleur, et par suite d'une modification moléculaire des corps. Nous reviendrons sur ce point dans la quatrième leçon (p. 63).

B. Il nous faut maintenant interroger avec le même soin la notion de la vitesse acquise (énergie cinétique ou force vive). Cette espèce d'énergie qui est, comme le potentiel, susceptible de produire un travail, présente ceci de particulier qu'elle se développe elle-même en cours de travail. C'est donc un travail social, une action sociale qui dans de certaines conditions vont produire de la vitesse acquise. A mon avis, la condition nécessaire et suffisante pour qu'un travail social développe de la vitesse acquise, c'est qu'il soit entouré de *notoriété*. La notoriété est fonction de la vitesse acquise. La notoriété donne la vitesse acquise aux activités sociales, aux entreprises sociales, aux institutions sociales. La chose est facile à établir par des analyses.

C'est un fait que l'ancienneté d'une maison de commerce est un avantage considérable pour le développement de ses affaires ; or l'ancienneté de l'existence se ramène à de la notoriété. C'est un fait encore que la réclame commerciale ou industrielle donne à une maison de la vitesse acquise ; elle la met dans la même situation que si elle fonctionnait depuis longtemps, elle supplée à la longue tradition ; or la réclame, la publicité, sont pour produire la notoriété.

En Droit, la publicité, c'est-à-dire la notoriété, donnée à un fait juridique le rend opposable, lui confère contre les tiers de la force vive ; de là l'inscription des hypothèques (1), la transcription des ventes, la publicité des mariages, etc... Allons plus loin; c'est la preuve d'un droit, c'est-à-dire la notoriété et l'authenticité fournies à son existence, qui seules le rendent opposable en justice et assurent la transformation de son énergie potentielle en énergie cinétique.

Les idées, quelles qu'elles soient, acquièrent par la publicité beaucoup de force; de là la puissance de la Presse. Une idée fort ordinaire tirée à un million d'exemplaires agit plus qu'une idée de génie consignée dans un manuscrit. Ce n'est pas le potentiel qu'elle renferme cependant qui lui donne de la valeur, c'est uniquement la vitesse acquise de la publicité. Cette vitesse acquise, la presse en gratifie aussi bien les hommes qui sont ses favoris.

Et la gloire, la gloire militaire surtout! quelle source de vitesse acquise! Plusieurs fois déjà, dans le cours de son histoire, il a été donné à la France de vivre pendant des siècles sur ses victoires. La renommée de Charlemagne a plané sur tout le moyen âge; le souvenir des croisades est encore vivant en Orient; l'épopée impériale nous a protégés pendant tout ce siècle, a donné de la force à notre diplomatie jusqu'à la catastrophe de 1870; il a fallu la perspicacité haineuse d'un Bismarck pour découvrir que sous cette vitesse acquise, sous cette renommée, il n'y avait plus de potentiel réel. Et maintenant nous avons reconstitué notre potentiel, mais nous n'avons plus de vitesse acquise, plus de renommée, aussi nos influences lointaines continuent de s'affaiblir, nos clientèles historiques nous échappent.

Je viens de prononcer un mot important, celui de clien-

---

(1) En langage juridique on est arrivé à dire, en effet, que l'inscription *vivifie* l'hypothèque.

tèle : la notoriété donne à un fait social, à une maison de
commerce, à une nation, une clientèle, c'est-à-dire un public spécial qui a confiance en la force de cette nation, en
la solidité de cette maison, en l'efficacité de ce fait. La
bonne volonté, le crédit de cette clientèle sont, en résumé,
la matière du supplément de force que confère la notoriété; ils constituent à proprement parler la vitesse acquise,
de même que le capital prêté constitue en certains cas le
potentiel. Mais alors, c'est le milieu même dans lequel se
produit un travail social qui coopère à ce travail; la vitesse
acquise c'est la complicité et la coopération du milieu,
coopération due aux énergies représentatives et de conduite, à telles enseignes qu'elle tend à créer de la stabilité;
on sait en effet que la vitesse acquise contribue à rendre
stable la direction des mouvements. Cela peut-il être transporté dans la mécanique physique? Peut-être; certains travaux de Hertz laisseraient supposer que le milieu coopère
aux énergies électriques. D'un autre côté, une objection doit
surgir dans vos esprits; le milieu est aussi le siège d'une
résistance aux mouvements, qui se traduit par le frottement. Comment un même milieu pourrait-il à la fois coopérer
et résister? L'objection n'est pas insoluble. Pourquoi dans
le milieu n'y aurait-il pas de contradiction? Il est certain tout
au moins que dans les milieux sociaux la notoriété des œuvres sociales produit des mouvements contradictoires, de la
faveur et de la défaveur, de la coopération et de la résistance,
par conséquent de la vitesse acquise et du frottement [1].

II. Le potentiel et la vitesse acquise dans la circulation

---

(1) Actuellement, les maisons de commerce et les entreprises industrielles s'épuisent en réclame sans parvenir à se créer de clientèle
fidèle; le public résiste; elles n'obtiennent qu'une *moyenne* dans le
chiffre d'affaires. A d'autres époques il y a eu des clientèles fidèles.

de l'énergie physique se transforment continuellement
l'un dans l'autre. Il en est de même dans la circulation de
l'énergie sociale.

Quand une maison de commerce fait de la réclame, elle
sacrifie une partie de on capital pour payer la publicité,
elle transforme donc une partie de son potentiel en vitesse
acquise; mais la notoriété que lui vaut la réclame accroît
ses bénéfices et lui permet de reconstituer son capital, la
vitesse acquise se convertit donc à son tour en potentiel.

Au reste, comme dans tout travail il se développe plus
ou moins de vitesse acquise, il suffit de remarquer que
tout travail humain a pour résultat de transformer un certain potentiel en un autre potentiel et que, pendant la
transformation, il y a eu l'intermédiaire de la vitesse acquise. Analysons par exemple la production économique;
elle consiste à transformer une matière première en une
richesse, grâce à deux autres facteurs, le capital et le travail. Le capital, qui représente un potentiel, est consommé
en même temps que la matière première qui en représente un autre; pendant un temps, il n'y a plus que du
travail en cours d'exécution qui représente de la vitesse
acquise; puis la nouvelle richesse, une fois créée, le travail et la vitesse acquise disparaissent, il ne subsiste plus
qu'un nouveau potentiel.

— Voici maintenant la question vraiment scientifique.
Dans ces transformations continuelles de l'énergie sociale,
pouvons-nous retrouver l'application des deux principes
fondamentaux de l'énergétique physique, le principe de
la conservation de l'énergie et celui de la moindre action?

La formule du principe de la conservation de l'énergie
est la suivante : « dans un système fermé la somme de la
vitesse acquise et de l'énergie potentielle est une cons-

tante » [1]. Il est difficile que dans la réalité des faits un système social soit fermé, c'est-à-dire complètement soustrait à l'incidence de forces étrangères, il faut donc se contenter d'observations approximatives.

Constatons, d'abord, que dans tout mouvement social normal on trouve, combinées à de certaines doses, les deux formes d'énergie, c'est-à-dire que tout mouvement social normal comporte l'énergie *totale* (V. p. 23). Toute maison de commerce a besoin d'un potentiel, fourni au moins par le crédit, et d'une certaine vitesse acquise ; c'est pourquoi, si elle n'a pas de réputation, elle fait de la réclame. Toute nation a besoin à la fois de force réelle et de renommée. Toute circulation monétaire suppose une masse de numéraire circulant, qui *travaille* et par conséquent représente de la vitesse acquise, et d'une encaisse qui représente un potentiel.

Il semble bien que dans certains mouvements sociaux la somme des deux énergies reste constante. Si, par exemple, nous considérons la circulation monétaire française régularisée par la Banque de France, nous observons que lorsque le portefeuille de la Banque augmente, son encaisse diminue ; que lorsque son encaisse augmente son portefeuille diminue ; or, l'encaisse c'est le potentiel monétaire ; le portefeuille c'est la représentation en papier de la monnaie qui travaille en développant de la vitesse acquise. La somme paraît constante. D'une façon générale, les oscillations, les alternances que l'on observe dans l'histoire des institutions sociales n'empêchent point ces institutions de conserver la même individualité, le même être ; c'est donc que malgré les alternances il subsiste quel-

---

(1) H. Poincaré, *Thermodynamique.*

que chose de constant. Ces alternances sont le plus souvent
déterminées par la prédominance de l'élément potentiel
ou de l'élément vitesse acquise, et ce qui reste constant
c'est la somme des énergies. Il est rare qu'une maison de
commerce soit toujours menée de la même façon ; il y a
des périodes de tension et des périodes de relâchement ;
des périodes de réclame et des périodes de silence ; tantôt
elle vit sur son capital, tantôt sur sa réputation ; telle la
locomotive, qui tantôt utilise sa tension de vapeur et tantôt
sa vitesse, qui reconstitue perpétuellement l'une par l'autre
et finalement marche toujours suivant le même type. Il est
rare qu'un gouvernement, même autoritaire, applique de
façon continue son autorité, il y a des accalmies pendant
lesquelles il vit sur la crainte qu'il inspire et sa solidité
reste constante. Si nous nous élevons jusqu'aux grandes
alternances sociales, nous voyons qu'il y a des périodes
instituées et des périodes critiques, et que cependant une
même civilisation traverse ces périodes sans être altérée
dans son essence ; or les périodes instituées sont celles où
domine la vitesse acquise, la coopération du milieu social à toutes les institutions ; les périodes critiques celles
où domine le potentiel, la force pure.

Ainsi le principe de la conservation de l'énergie s'applique d'une façon suffisamment sensible.

La formule du principe de la moindre action, si on la
simplifie, et si on l'applique à la matière sociale, peut
s'énoncer ainsi : « les transformations d'un système social
doivent se produire avec un minimum de différence entre
l'énergie potentielle et la vitesse acquise comprises dans
le système » [1].

(1) Formule complète : « Si un système de corps est dans la situation A à l'époque T^0, et dans la situation B à l'époque T^1, il va tou-

Ici encore, il y a quelques démonstrations directes. Si nous reprenons l'exemple de l'encaisse et du portefeuille de la Banque de France, nous voyons que la Banque s'applique à réduire au minimum l'écart entre son encaisse et son portefeuille, elle a pour cela un régulateur qui est le taux de l'escompte. Lorsque son encaisse tend à diminuer, elle relève le taux de l'escompte, ce qui, immédiatement, rappelle de l'argent et arrête l'augmentation du portefeuille. Lorsque son encaisse augmente, elle diminue le taux de l'escompte pour chasser l'argent.

Mais la démonstration la plus forte est indirecte; elle résulte du phénomène de la division de travail. On a déjà signalé le rapport qui existe entre le principe du moindre effort et la division du travail, mais d'une façon incomplète. On s'est placé surtout au point de vue subjectif; on a remarqué que chaque agent spécialise son activité d'après des mobiles internes dans le sens du moindre effort. Cela est exact, mais en même temps, objectivement, la division du travail correspond à la transformation qui produit le moins d'écart entre le potentiel et la vitesse acquise contenus dans un système.

Supposons un marché fermé, alimenté par deux maisons qui toutes les deux construisent à la fois des cycles et des automobiles. Ces deux maisons ont un certain capital que je suppose égal, une organisation et une habileté professionnelle égales, par conséquent, un potentiel égal; elles ont aussi même notoriété et clientèle égale, par conséquent, vitesse acquise égale. Cependant, comme la concurrence

jours de la première situation à la seconde par un chemin tel que la valeur moyenne de la différence entre les deux sortes d'énergie dans l'intervalle de temps, soit aussi petite que possible » (Poincaré, *Thermodynamique*).

leur pèse, il se produit une division du travail, l'une se
spécialise dans les cycles, l'autre dans les automobiles;
chacune d'elles prend dans sa spécialité toute la clientèle
du marché. Elles ont encore potentiel égal et clientèle
égale. Dans ce marché fermé, le rapport de la vitesse acquise au potentiel a aussi peu changé que possible. On a
supprimé seulement le supplément de tension qui prove-
nait de la concurrence et il s'est trouvé remplacé par un
supplément d'habileté professionnelle provenant de la spécialisation. C'est-à-dire qu'il y a eu substitution d'un potentiel à un autre, avec minimum d'écart [1].

III. Après l'étude du mouvement social proprement
dit objet de notre première leçon, nous venons de construire une énergétique sociale; il nous faut maintenant
envisager, non plus les énergies circulantes, mais les
forces individuelles.

Si la mécanique rationnelle voit dans les énergies centrales moléculaires une hypothèse commode, la science
sociale est contrainte de voir dans les énergies individuelles des hommes une réalité tangible. D'abord, la réalité individuelle de l'homme est certaine, tandis que celle
de l'atome est supposée; ensuite, il est d'évidence que
chaque individu humain est source d'énergie physique par
ses muscles et d'énergie psychique par son esprit. Peu
importe l'origine première de ces énergies; à supposer,

---

[1] Cela explique que les inventions humaines destinées à donner
satisfaction à des besoins ne soient pas du premier coup très simples.
C'est un fait que les solutions primitives sont généralement compli-
quées. Telle cette solution primitive pour l'armoire fermée : l'armoire
tout entière pivote et s'applique dans un enfoncement du mur; on
n'a pas encore imaginé la porte mobile. C'est que l'invention obéit
non pas à la loi de simplicité, mais à la loi du moindre effort d'ima-
gination et du moindre effort de dérogation aux habitudes.

ce qui d'ailleurs n'est point démontré, que l'énergie psychique elle-même ne soit que de l'énergie chimique transformée, il n'en est pas moins vrai que cette énergie,
comme force sociale immédiate, provient de l'individu humain.

Les énergies physiques de l'individu nous importent peu
car elles sont sous la direction des énergies psychiques.

Celles-ci sont au nombre de trois principales et méritent
toute notre attention :

a) Au premier rang des énergies individuelles créatrices
de relations sociales, je place le désir, je suis en cela
d'accord avec M. Tarde [1]. Le désir est l'énergie même
de l'être en tant qu'il aspire au bonheur, disons à sa conservation, à son développement et à son achèvement. Le
désir est donc une force sociale dans la mesure où l'individu humain ne peut conserver, développer et achever
son être que par la vie en société; le désir est propaga-
teur de l'espèce, créateur de population ; il est créateur
des besoins sociaux ; il est créateur de ce que nous appelons nos intérêts. Le désir est une énergie pratique. Il
n'y a pas à se demander s'il est conscient ou inconscient. Ce qui est certain c'est qu'il tend vers son but
pratique sans avoir besoin de l'intermédiaire d'une représentation idéale et par conséquent sans mettre en jeu la
liberté. Il est en soi instinctif et mécaniste. Aussi, en tant
que la coopération sociale est nécessitée par les désirs des
hommes, on est en droit de la qualifier de mécaniste. Le
désir est la base de la solidarité purement organique.

b) Au second rang des énergies individuelles créatrices
de relations sociales, je place la croyance. Je suis ici encore

---

(1) *Logique sociale*, Paris, 1895, chap. Ier, la logique individuelle.

en principe d'accord avec M. Tarde, sous le bénéfice toutefois de l'observation suivante. Il faut tenir compte de
deux éléments dans la croyance. Il y a d'abord une force
d'affirmation ou de négation ; c'est surtout de cet élément-
là que M. Tarde s'est préoccupé ; il a écrit sur les degrés
de certitude des choses très fines (1). Mais il y a aussi la
chose affirmée ou niée et je ne sais pas si sur ce second
élément la critique de M. Tarde a été suffisante. Il distingue des croyances logiques et des croyances téléologi-
ques, c'est-à-dire des croyances théoriques et des croyances
pratiques, la chose affirmée ou niée serait tantôt une idée
séparée de l'action, tantôt une action. Cette distinction me
paraît secondaire. L'important est d'observer que, dans
tous les cas, l'objet immédiat de l'affirmation ou de la négation est un concept représentatif. En d'autres termes, la
croyance, même lorsqu'elle est téléologique, a pour objet
immédiat une représentation d'action, c'est-à-dire une idée ;
même lorsqu'elle affirme ou nie un sentiment, elle opère
non pas sur le sentiment même, mais sur la représentation
idéaliste ou conceptualiste du sentiment. Remarquez bien
que je ne parle pas de la simple conscience du sentiment
ou de l'action, mais de la représentation idéale, ce qui
est tout autre. Une affirmation ou une négation ne sauraient porter que sur un objet déterminé ; or, la réalité vivante des sentiments et des actes, même conscients, est de
sa nature sans limites précises ; il faut qu'un concept, c'est-
à-dire une représentation idéale, vienne enfermer cette
réalité vivante dans les concours déterminés d'une image
ou d'une formule verbale. Toutes les fois que nous affir-

_____

(1) Il insiste sur cette idée que la croyance, comme le désir, d'ailleurs, est susceptible de quantité (eod).

mons ou nions un fait, il en est de nous comme du peintre
qui affirme par son pinceau, non pas un paysage, mais
l'image représentative du paysage qu'il a vu.

Cette observation est d'une importance considérable, car
elle fait de la croyance une énergie « représentative ». Si
le désir est le fond de l'être, la croyance constitue le fond
de la représentation de l'être, et par conséquent elle est à
la base de cette forme de solidarité que nous appellerons
représentative. Elle contribue d'abord à la création du langage, chose éminemment représentative, dont nous avons
fait un élément de l'espace social (la population fille du
désir en était un autre). Elle contribue ensuite à la formation de la masse des idées communes des hommes,
idées qui sont représentatives des choses et notamment
représentatives du mouvement social. En tant que les idées
communes se propagent par le phénomène de l'imitation,
il est clair que la croyance n'opère que sur des concepts
représentatifs, l'imitation ne pouvant mettre en circulation
que des types très arrêtés [1].

Ayant pour objet des concepts, la croyance est susceptible d'admettre de la liberté; car le concept représentatif
découpe en une forme déterminée la fluence des choses, il
se sépare du mécanisme du mouvement des choses, il admet
un élément de discontinuité, ce qui est la même chose
qu'un élément de liberté. La solidarité représentative
fondée sur la croyance sera donc susceptible de liberté [2].

c) Enfin au troisième rang des énergies individuelles

---

(1) La propagation imitative peut produire des états d'âme vagues,
mais grâce à la circulation de types arrêtés; tel l'état d'âme pessi-
miste de la génération qui lut le René de Chateaubriand. Tous
les états d'âmes littéraires ont pour origine des œuvres très typiques.

(2) V. p. 7 et p. 44.

créatrices de relations sociales, je place la volonté. — Ici
je me sépare de M. Tarde, ainsi que de l'école psychologi-
que de M. Ribot. — M. Tarde ne voit dans la volonté
qu'une combinaison de désir et de croyance, sans intérêt
spécial. Je suis bien d'avis aussi que la volonté procède
à la fois du désir et de la croyance, c'est-à-dire, à la
fois de l'être et de la représentation de l'être, mais je
prétends que cette combinaison a une originalité incontestable qui est le passage à l'acte, l'opération, la conduite,
grâce à laquelle l'être se réalise conformément à la représentation qu'il s'est faite de lui-même. Projetée au dehors
dans le milieu social, la volonté sert de fondement à la
solidarité de la conduite dont l'appareil juridique est l'organe le plus apparent. Il est bien connu que les règles
juridiques s'adressent à la volonté, que les droits sont des
volontés, etc. — M. Ribot et son école refusent à la volonté la qualité d'énergie, ils voient en elle uniquement un
fait de représentation, la représentation anticipée de l'acte
qui va être accompli ; mais on se demande quel serait
l'intérêt de cette représentation anticipée si elle ne devait
avoir aucune influence sur l'opération de l'acte [1].

— Je me borne à ajouter ceci. Les hommes, envisagés
comme atomes sociaux doués de forces centrales, sont à la
fois semblables et différents. Ils sont semblables en tant
que disposant tous en principe des mêmes énergies de
désir, de foi, de volonté. Ils sont différents en tant qu'ils
ont une individualité dont le tempérament et le caractère
particularisent l'emploi qu'ils font de ces énergies. D'une

---

[1] La volonté est l'énergie qui engendre le troisième élément de
l'espace social, le crédit ou la confiance. On confond souvent, à tort,
croyance et confiance, la croyance n'est qu'une idée, la confiance est
le passage à l'acte.

part, ils n'en ont pas tous la même quantité, il y a des énergiques et des sans énergie. D'autre part, leur activité n'est pas orientée dans la même direction. Il y a des êtres d'instinct, des êtres représentatifs, des êtres de conduite. Il y a des égoïstes chez lesquels l'amour propre domine; il y a au contraire des altruistes chez lesquels la charité l'emporte; ceux-là ont une faculté de don d'eux-même qui détermine comme une vibration fluidique particulière; cela tend à engendrer des représentations sociales de deux catégories, ce que le droit traduit assez bien par la distinction des rapports *intéressés* et des rapports *désintéressés* [1].

Il est à remarquer, d'ailleurs, que les forces des individus ne tendent pas à produire du travail social uniquement lorsqu'elles sont concordantes; même discordantes elles agissent, plus lentement et avec plus de souffrances. L'état social se crée dans la lutte et dans les contradictions, mais néanmoins il se fait. Le désir et la croyance peuvent être féconds même lorsqu'ils paraissent anti-sociaux, la volonté n'a pas besoin d'être toujours la bonne volonté. En un mot, l'égoïsme de l'individu contribue à la société en même temps que son altruisme. C'est le problème fondamental que de savoir comment ces choses se concilient et comment doivent être orientées les forces de désir, de croyance et de volonté; mais ce problème du bien et du mal nous nous en interdisons ici l'examen [2].

— Nous avons ainsi passé en revue, beaucoup trop brièvement à mon gré, les trois notions fondamentales, pratiquement irréductibles l'une à l'autre, que comporte

(1) Dans son livre la *synergie sociale* qui est une œuvre sur la bonne volonté, M. Henri Mazel a admirablement montré l'importance des représentations sociales fondées sur l'amour.

(2) Je l'ai abordé dans *La science sociale traditionnelle*.

toute mécanique, et nous avons relevé les analogies sociales qu'elles suggèrent. Nous avons formulé la notion du mouvement social avec ses éléments d'espace, de mobile, de points de repère, de vitesse et de mesure et nous avons appliqué les lois du mouvement. Nous avons formulé la notion des énergies sociales dans leurs deux éléments de potentiel et de vitesse acquise, et nous avons appliqué les lois de l'énergétique. Nous avons formulé la notion de l'individu humain et de ses forces sociales propres.

Dans la prochaine leçon nous étudierons les « représentations », qui se dégagent de la réalité du mouvement social et nous verrons si elles ne sont pas comparables aux phénomènes d'ordre thermique.

TROISIÈME LEÇON

La représentation du mouvement social.

Sommaire. — I. Explication de ce qu'on entend par représentation du mouvement social; ce n'est pas la conscience du mouvement, mais le concept ou l'idée du mouvement; avantages pratiques de la position ainsi prise;

II. La représentation du mouvement social est scientifique ou idéaliste, ce qui équivaut à mécaniste ou non mécaniste. — A. La double représentation des énergies individuelles : individualité et personnalité; intérêt et droit. — B. La double représentation des énergies sociales circulantes, la double notion du pouvoir : contrainte et liberté. — C. La double représentation du mouvement social proprement dit, évolution et progrès.

III. La représentation du mouvement social est comparable aux phénomènes d'ordre thermique; la chaleur-lumière est une énergie représentative des formes du mouvement.

I. Après le mouvement social, nous devons appliquer notre étude à la représentation du mouvement social. Je vous ai averti, dès la première leçon, de la distinction profonde que je fais entre les deux ordres de phénomènes; je vous en ai indiqué brièvement les motifs. Je reviens sur ces motifs pour les développer. Le mouvement social est une chose, la représentation du mouvement social en est une autre. Dans le monde physique aussi, le mouvement est une chose, la représentation du mouvement par les énergies fluidiques, et notamment par la chaleur-lumière, est une autre chose. La représentation des mouvements physiques se produit par le moyen de formes lumineuses ou sonores, qui sont propagées par les ondulations et les vibrations fluidiques; la représentation du mouvement social se produit par le moyen de concepts ou idées, formes psychiques à contours d'image ou de formule verbale, qui se propagent de cerveau à cerveau.

Ce que je place en regard du mouvement social, c'est donc le concept du mouvement et non pas la conscience du mouvement. J'appelle votre attention sur ce point capital. Assez de philosophies ont opposé l'être à la conscience; elles ont abouti à placer l'être dans l'inconscient, ce qui est excessif; je m'éloigne de ces philosophies. Pour moi, le mouvement social est conscient ou inconscient, peu m'importe, et j'ajoute qu'il est surtout conscient; mais, en outre, il se crée des concepts de ce mouvement social, des idées, des idéals. Avant ou après l'action l'homme réfléchit. Il dresse un plan où il se rémémore les choses pour les juger. L'administrateur dresse un budget; quand il l'a exécuté, il tient une comptabilité. L'explorateur, le capitaine font un plan de leur expédition, ensuite, ils écrivent une relation. Les hommes mêlés à la vie poursuivent des buts, ensuite ils écrivent leurs mémoires. Les praticiens, les spéculateurs tirent de leur expérience des maximes théoriques. Des industriels, des agriculteurs [1], nous content ce qu'ils ont fait et ce qu'ils auraient dû faire. Les philosophes, les poëtes, les artistes rêvent des formes de l'idéal. Partout le concept de ce qui a été, de ce qui est, de ce qui sera dans la réalité sociale, accompagne le mouvement de cette réalité.

[1] V. un exemple curieux dans le livre de M. Y. Narbonnès, *Le domaine de Fresquet*, Narbonne, 1898.

Je crois vous avoir fait comprendre ma pensée. Voici maintenant les avantages pratiques de la position prise :

1° les concepts ou idées, ayant des formes arrêtées, sont directement comparables aux formes physiques qu'à mon avis les fluides roulent dans leurs ondulations et qui sont les types des figures réalisées par le mouvement;

2° pour la même raison, ces concepts peuvent être envisagés objectivement, séparés des faits de conscience qui les ont amenés; il est même loisible de les considérer comme existant de façon inconsciente dans l'esprit de l'homme; il me paraît très important que la science sociale rompe avec le subjectivisme philosophique et demeure dans l'idéalisme objectif; il faut, en effet, qu'elle soit objective comme toutes les autres sciences malgré la difficulté provenant de ce que la société est chose mentale; dans le mental le subjectif doit disparaître dût-on remonter jusqu'à l'idéalisme Platonicien, c'est pourquoi le mental doit être ramené au « représentatif » [1];

3° pour la même raison, toujours, les concepts se séparent plus nettement de la réalité mécaniste que les simples états de conscience; leur forme arrêtée introduit en eux du discontinu; il est impossible en effet d'appliquer exactement une forme arrêtée sur le mouvement qui est en soi continu; la forme ne s'achève qu'en se séparant en un point quelconque de la réalité du mouvement. La forme interprète le mouvement. Dans cette interprétation il se glisse une discontinuité, c'est-à-dire une liberté; car le mécanisme nous apparaît comme quelque chose de continu et la liberté comme quelque chose de discontinu.

_____

(1) Je prends ici une attitude plus nette que dans ma *science sociale traditionnelle*.

Sur ce point, je vous renvoie à l'une des œuvres philosophiques les plus profondes de ce temps, la thèse de M. G. Dumesnil sur le *rôle des concepts* [1]. Je l'apprécie surtout pour avoir ramené le problème de la liberté à celui du discontinu, ce qui est la forme adaptée aux données scientifiques ;

4° Les concepts, toujours à raison de leur forme définie, sont le seul objet possible de la force de croyance de l'homme, l'une des énergies individuelles fondamentales ; nous avons insisté là-dessus dans notre dernière leçon ; il s'ensuit que les idées ou concepts se prêtent seuls à la propagation imitative ;

5° Enfin les concepts, toujours à raison de leur forme définie dans laquelle il s'est introduit de la discontinuité, peuvent seuls pratiquement entrer en réaction contre la réalité du mouvement. On conçoit la réaction d'un idéal sur la réalité, parce que justement l'idéal est différent de la réalité ; on ne concevrait pas la réaction d'un simple état de conscience qui se confondrait avec la réalité. C'est donc seulement l'idée ou le concept qui fait que la représentation du mouvement est elle-même une énergie, l'énergie représentative. Au reste, cela a été vu par M. Fouillée dans sa théorie des idées-forces.

II. Dans son œuvre de réflexion représentative, l'homme prend vis-à-vis du mouvement social deux attitudes distinctes et en cela se conduit comme tout être plongé dans un milieu. D'une part, il s'efforce de s'adapter au mouvement social et, d'autre part, il s'efforce d'adapter ce mouvement à lui. Dans la première direction il obéit au besoin de la connaissance et il fait de la science ; dans la se-

(1) Paris, 1892.

conde il obéit au besoin de l'activité imaginative et il fait
de l'art ou de la réaction humaine. Il est déjà des sciences
sociales spéciales où l'on distingue les deux directions. C'est
ainsi que l'économie politique étudie les phénomènes économiques en tant que l'homme reconnaît les subir, et que
l'économie sociale étudie la réaction humaine contre les
nécessités économiques. La science sociale proprement
dite doit à plus forte raison se placer à ce point de vue
élevé.

Nous pouvons ici sans inconvénient employer les
expressions *objectif* et *subjectif* en les définissant de la
façon suivante : les représentations objectives sont celles
par où s'expriment les choses, les représentations subjectives celles par où s'exprime le sujet humain avec sa tendance à réagir sur les choses. Ainsi entendues ces expressions traduisent l'opposition très légitime de l'homme et du
milieu; elles n'ont rien du subjectivisme philosophique,
car les représentations relatives au sujet humain sont
considérées comme ayant sociologiquement une réalité
objective.

Plus l'homme réagit sur les choses et y met de lui-
même, plus il y met de la liberté, car il se conçoit comme
un être libre.

Nous obtenons ainsi des représentations du mouvement
social de deux catégories :

1° Des représentations scientifiques qui sont très objectives et se rapprochent beaucoup du mécanisme; pas complètement cependant, car l'homme, même lorsqu'il se croit
obligé de subir l'action du milieu, ne cesse point d'envisager cette action par rapport à lui et à sa finalité particulière qui est le bonheur. Les événements qui se produisent, il ne les considère point en eux-mêmes, il les

note comme heureux ou malheureux pour lui; les pouvoirs qui se dégagent de la circulation des énergies sociales, il en fait des avantages individuels et des intérêts; son
existence propre, il lui suppose une destinée; en un mot
s'il ne peut agir sur les choses, il aime à croire que les
choses, fatalement ou librement, agissent pour lui. Il y a
certainement, même dans cette attitude prétendue scientifique, une réaction sur la réalité sociale qui agit tantôt
dans le sens mécaniste, tantôt dans le sens de la liberté;

2° Des représentations idéales, des systèmes, des plans,
des projets de réforme, etc., qui sont beaucoup plus pé-
nétrés de liberté.

En exagérant un peu on peut confondre la représentation scientifique avec une représentation entièrement mécaniste et la représentation idéale avec une réaction de
liberté. Cela permet de classer de la façon suivante les
principales représentations du mouvement social :

A. *Les énergies individuelles, comme représentation
mécaniste, fournissent la notion de l' « individu » et
de ses intérêts : comme réaction de liberté, elles donnent
la notion de « la personne » et de ses droits.*

Je ne vous étonnerai point en vous disant que l'homme
se fait une haute idée de lui-même et de son rôle social. Ses énergies propres, sa force de désir et les besoins qui en résultent, sa force de croyance, sa force
de volonté, les pouvoirs qu'il retire à son profit de la
circulation énergétique, le potentiel qu'il accumule lui
semblent être, et non sans raison, les principaux ressorts
sociaux.

a) En représentation mécaniste l'homme se voit comme
un « individu », c'est-à-dire comme une partie intégrante
du tout social ; il est distinct du milieu jusqu'à un certain

point et il réagit dans la mesure où cela est nécessaire pour assurer cette séparation, mais il est en même temps en état de continuité avec le milieu. L'individualité d'un être, aussi bien que celle d'un phénomène, me paraît, en effet, constituée par une certaine unité de forme qui n'est point assez complète pour briser tout lien de continuité. A ce point de vue, il est impossible d'opposer entièrement l'individu à la société.

Les relations que l'individu soutient avec le milieu social sont des « intérêts ». La notion d'intérêt n'éveille aucune idée de discontinuité ou de liberté pour l'individu; au contraire, elle exprime fort exactement le fait que celui-ci a dans le milieu des appartenances et dépendances, qu'ils sont mêlés l'un à l'autre par le mécanisme des faits, des besoins, des désirs.

b) En réaction de liberté, grâce à une opération représentative plus profonde, l'homme s'apparaît à lui-même comme une « personne », c'est-à-dire comme un être discontinu. La discontinuité impliquée dans la forme du concept, l'homme la rapporte à la propre forme de son être; il se considère comme une unité parfaite, un commencement absolu. Les relations qu'il soutient avec le milieu social ne sont plus des affirmations de continuité et de dépendance, mais au contraire de discontinuité et d'indépendance. Les simples intérêts deviennent à ce moment des « droits » avec l'élément de liberté que ceux-ci contiennent. Il n'était pas possible d'opposer entièrement l'individu à la société; il l'est au contraire d'opposer la personne du citoyen à celle de l'État (1).

(1) La distinction de l'individualité et de la personnalité, que je crois nécessaire, est assez négligée dans la littérature du droit public français. On dit « droits individuels » alors qu'il serait plus correct

c) Ainsi l'homme se fait deux conceptions très différentes de son rôle social selon qu'il se considère comme un individu ou comme une personne. Individu, il a une volonté et des intérêts, mais il reconnaît n'être que partie intégrante d'un milieu social, où le mécanisme domine ainsi que la contrainte (1). Personne libre, il se fait centre d'un milieu social remanié selon son idéal et qu'il n'accepte que comme un moyen pour sa liberté. Tantôt l'homme est pour la société, mais par là même, chaque individu n'a point à ménager la contrainte à ses semblables; tantôt la société est pour l'homme et par là même tout homme a droit à ce que ses semblables lui ménagent la contrainte.

La distinction du Droit objectif et du Droit subjectif traduit fidèlement cette conception dualiste. Dans tout droit il y a un élément objectif et un élément subjectif. L'élément objectif est le but extérieur auquel tend la relation avec le milieu qu'il s'agit de réaliser; l'élément subjectif est la liberté avec laquelle on entend atteindre le but et, par

de dire « droits personnels »; on oppose couramment l'individu à l'État, alors qu'il faudrait opposer l'individu à la société, et la personne à l'État, c'est-à-dire l'individu à l'individu et la personne à la personne, etc.

On remarquera que je me suis efforcé de définir la personnalité sans utiliser le subjectivisme philosophique, sans en faire le moi conscient, etc. Il me paraît en effet essentiel qu'en science sociale la personnalité elle-même demeure une notion objective. La personnalité est pour moi la « forme représentative » de l'être, (tandis que l'individualité en est la « forme organique »). Ainsi comprise, elle correspond à l'hypostase de la scolastique, qui était en effet l'élément intelligible de tout objet et de tout être en tant qu'envisagé objectivement.

(1) Dans cette conception mécaniste, la contrainte est un élément social incontestable. M. Durkheim, qui a insisté sur la contrainte sociale, a eu seulement le tort de ne pas faire une place à la réaction de liberté.

conséquent, réagir sur la relation. C'est cet élément subjectif de liberté qui constitue véritablement le droit, qui
le distingue du fait et du simple intérêt, atteindre ou ne
pas atteindre son but objectif, à son choix, et cependant
conserver son droit subjectif, voilà le point capital.
La personnalité juridique, qui est une sorte de double du
sujet humain destiné aux relations juridiques, est constituée uniquement par la jouissance d'un ensemble de
libertés; chacune de ces libertés est une voie ouverte
à travers le milieu social par laquelle peut se réaliser
en actes extérieurs la liberté de la personne; ce sont les
avenues tracées par où le sujet réagit sur le monde;
le droit de propriété lui assure la liberté dans la possession des choses; la liberté de la presse, celle de l'enseignement, le droit de réunion, lui assurent la liberté
dans son action sur les autres hommes, etc. La personnalité juridique est comme un carrefour, au croisement de
toutes ces voies, et le sujet humain, placé au centre, se
joue librement dans ces itinéraires. La jouissance de tous
ces droits est assurée à l'homme de façon stable, rares
sont les événements qui l'atteignent dans sa personnalité juridique. C'est dire que si, au point de vue interne, la
liberté du sujet humain est pour assurer la stabilité de son
être; au point de vue externe, cette liberté à son tour est
assurée par des stabilités sociales, par des situations d'état
créées. Nous reviendrons sur ces vues fécondes dans notre
sixième leçon, à propos de la création du statique.

Ainsi, dans tout droit, il y a l'élément objectif but et
l'élément subjectif liberté [1]. Ce qui prouve bien maintenant que, dans ses synthèses sociales, l'homme se place

_____

(1) V. Ihering, *Der Zweck im recht.*

tantôt au point de vue de la passivité objective et tantôt au
point de vue de la réaction subjective, et que cela correspond à la distinction mécanisme et liberté, c'est que la législation dans son ensemble est qualifiée de Droit objectif
lorsqu'elle apparaît comme poursuivant par la contrainte
des buts sociaux prédominants et de Droit subjectif lorsqu'elle apparaît comme assurant des libertés. La législation
sur les successions est de droit objectif en tant qu'elle impose un certain ordre successoral, de droit subjectif en
tant qu'elle accorde à certains intéressés la liberté d'accepter ou de répudier une succession; la législation organique des pouvoirs publics est de droit objectif en tant
qu'elle crée une certaine organisation, de droit subjectif,
en tant qu'elle accorde aux citoyens la liberté de voter
pour tel ou tel mandataire, etc...

B. *Les énergies sociales fournissent la notion représentative « pouvoir » et le « pouvoir » est envisagé
tantôt comme une contrainte mécaniste, tantôt comme
une liberté.*

Je simplifie beaucoup quand je signale seulement la notion de « pouvoir » comme représentation correspondant
à la réalité du jeu des énergies sociales circulantes; il faudrait, au moins, mettre en parallèle, celle d' « effort ».
La notion du « pouvoir » correspond au potentiel; celle
d' « effort » correspond au travail dans lequel se dépense
le potentiel. Il y aurait des choses bien intéressantes à
dire sur le travail en économie politique, selon qu'on le
considère sans tenir compte de l'effort pénible qui l'accompagne ou en tenant compte de l'effort, mais nous
sommes obligés de nous borner.

Le « pouvoir », c'est le potentiel en tant que senti par
l'homme, rapporté à chaque individu, envisagé comme lui

étant avantageux ou nuisible. Vous connaissez l'admirable passage de Pascal : « l'homme n'est qu'un roseau, le plus faible de la nature, mais c'est un roseau pensant... quand l'univers l'écraserait, l'homme serait encore plus noble que ce qui le tue, parce qu'il sait qu'il meurt et l'avantage que l'univers a sur lui, l'univers n'en sait rien » [1]. C'est bien ici le lieu de rappeler ce magnifique cri de la conscience humaine. Il y a dans l'univers physique une quantité de potentiel qui défie tout calcul, et les corps qui le subissent n'en savent rien ; la turbine qui vire sous le poids de la chute d'eau se fatigue et s'use, mais elle ne conçoit pas ce qui la presse. Au contraire, les hommes soumis à un potentiel social, l'esclave qui gémit dans l'ergastule, le soldat qui plie sous la discipline, le prolétaire qui s'aigrit dans sa misère, savent quelle est leur sujétion. L'eau qui bondit en descendant de la montagne ne sait pas qu'elle recèle de la force ; au contraire, l'homme haut placé dans la hiérarchie sociale sait qu'il en a. Tous, ceux qui souffrent du potentiel social comme ceux qui en profitent, lui ont donné le même nom, c'est le « pouvoir ».

La représentation d'un potentiel social en « pouvoir » est toujours double, car le pouvoir est toujours conçu *à la fois* par l'homme qui le subit et l'homme qui l'exerce. Cette double réfraction d'un fait, simple en soi, est une des bases de la solidarité sociale, car par là même deux hommes se conçoivent, l'un vis-à-vis de l'autre dans une certaine relation ; l'un est maître, l'autre subordonné ; l'un est créancier, l'autre débiteur, etc., et l'on saisira toute l'importance de cet élément de solidarité, si l'on ré-

[1] *Pensées*, édition Astié, 1re partie, chap. IV, Grandeur et misère de l'homme.

fléchit que dans la vie sociale, un potentiel quelconque ne saurait être utilisé en travail sans avoir passé par la forme représentative « pouvoir ». Un capital, par exemple, ne contribue à la production économique que parce que les ouvriers qui fournissent la force de travail, ou les tiers qui fournissent leur concours sentent le pouvoir de ce capital; un ordre donné par un chef à ses subordonnés ne s'exécute en un travail que si les subordonnés sentent le pouvoir de cet ordre.

Pouvoir n'est pas la même chose que potentiel. Le potentiel social s'envisage en soi, au seul point de vue des modalités de l'énergie; le pouvoir s'envisage au point de vue des avantages que l'homme en retire.

Alors que nous avions pu distinguer quatre sortes de potentiel, celui de position, celui d'accumulation, celui de tension et enfin le potentiel individuel, pratiquement les hommes ne distinguent que deux espèces de pouvoir qui correspondent à deux avantages ou buts fondamentaux : le pouvoir économique qui permet d'obtenir des services, le pouvoir politique qui répond au besoin qu'ont les hommes d'être commandés afin de constituer des groupements cohérents. Au fond, les quatre espèces de potentiel peuvent indifféremment engendrer le pouvoir économique ou le pouvoir politique. Les situations sociales servent à commander et procurent du pouvoir politique, mais elles procurent aussi des services économiques, elles ont valeur marchande. Les richesses, potentiel d'accumulation, donnent le pouvoir économique, mais elles donnent aussi le pouvoir politique. Les compétitions, les sentiments, les passions fournissent de la tension aussi bien en matière économique qu'en matière politique. Enfin les facultés individuelles procurent l'un des pouvoirs aussi bien que l'autre.

Le pouvoir donne lieu tantôt à représentation déterministe et tantôt à réaction de liberté.

Celui qui exerce un pouvoir le considère soit comme une contrainte brutale, soit comme une liberté exercée avec le respect de la liberté des autres. La représentation orientée vers la liberté a l'avantage de fixer par elle-même le pouvoir, de transformer le fait en droit; elle est créatrice du statique et du droit subjectif; nous venons d'en dire un mot, nous y reviendrons à propos de la création du statique; ce qu'un pouvoir perd en étendue par cette opération représentative, il le regagne en durée et en libr. faculté [1].

De son côté celui qui subit un pouvoir peut l'accepter comme une contrainte nécessaire; il peut aussi résister au nom de sa propre liberté.

C. *Le mouvement social en représentation déterministe fournit la notion d'évolution, comme réaction de liberté il fournit la notion de progrès.*

a) Le mouvement social, en tant qu'il échappe à l'action de l'homme, produit des *événements*. Cela doit être considéré d'une façon relative. Le plus souvent ce qui est événement pour les uns est pour les autres action voulue. Nos actes, et cela est de nature à nous faire réfléchir, une fois séparés de notre personne, deviennent pour notre prochain des événements qui influent sur sa destinée. Il me prend la fantaisie tout à fait blâmable de tirer en l'air avec une catouche à balle; la balle retombe sur la tête d'un

---

(1) Ces réflexions s'appliquent en matière administrative à la distinction de la puissance publique et des droits de puissance publique. La puissance publique n'est qu'un pouvoir de fait, les droits de puissance publique, plus limités en apparence, donnent au fond à l'administration, plus de stabilité et plus de liberté.

promeneur et le tue. Ce fut de ma part un acte et pour lui
un événement. Une déclaration de guerre est un événement terrible pour des millions d'hommes, souvent c'est
l'acte d'un seul. Une faillite est un événement pour les
créanciers et quelquefois pour une place de commerce;
elle est le résultat d'une série d'actes du commerçant. Il
arrive aussi que les événements sociaux sont de purs phénomènes physiques, des cataclysmes, des ouragans, des
inondations, des incendies, des tremblements de terre, la
mort de tel ou tel homme. Il est à remarquer enfin que
les événements empruntent une grande partie de leur importance au moment où ils se produisent et aux coïnci-
dences qu'ils présentent. La mort de Napoléon Ier à Sainte-
Hélène ne fut pas un événement bien considérable; elle en
eût été un immense au lendemain d'Austerlitz.

Parmi les événements sociaux les plus intéressants il
faut compter les inventions, ainsi que M. Tarde l'a mis en
lumière dans son beau livre *Les lois de l'imitation*. Une
invention comme celle de la locomotive a révolutionné le
monde moderne. En un certain sens, l'histoire de la civilisation est beaucoup plus celle des inventions pacifiques
que celle des batailles.

En tant que les événements échappent à la prise des hommes, ceux-ci devraient se borner à les noter impartialement
et objectivement. Mais en vertu de cette tendance égocentri-
que que nous avons indiquée et qui est le propre de la vie, ils
ne peuvent s'empêcher de les rapporter à eux-mêmes. Ce qui
les frappe, c'est que les événements leur sont avantageux ou
nuisibles. Dès lors, ou bien ils aiment à croire que ces événements, dans leur ensemble, sont dirigés par une Provi-
dence en vue de certaines fins où ils ont une bonne part;
ou bien ils les attribuent au hasard, mais ce hasard est encore

en principe favorable à ceux qui ont une bonne étoile, de sorte qu'il y a des chanceux et des malchanceux.

Tel nous trouvons l'homme devant les événements, tel nous le retrouvons devant l'*histoire*, avec cette différence que des fins particulières nous passons aux fins collectives. L'histoire peut être définie le récit ou la mémoire des événements en tant qu'ils intéressent une collectivité. Il n'existe pas d'histoire vraiment objective. L'appréciation et l'agencement des faits par l'historien est inévitable et toujours soit dans un intérêt de parti, soit à la gloire d'une nation déterminée, soit à la gloire d'une humanité idéale. D'un autre côté, les faits sont rapportés sur la foi de témoignages humains, influencés par les mêmes préoccupations finalistes.

La notion la plus nettement mécaniste à laquelle les hommes se soient élevés, au spectacle du mouvement social, est l'idée antique de *destin*, de *fatalité*, qui de nos jours a reparu sous le nom d'*évolution*, accompagnée d'un grand appareil scientifique, reliée à la marche de l'univers entier. L'hypothèse de l'évolution est mécaniste, il ne faut pas l'oublier; elle n'admet point que la justice soit une réaction de liberté contre le mécanisme des choses; elle s'efforce dans une morale dite scientifique de rattacher la justice, le devoir, l'idéal moral, quel qu'il soit, à l'intérêt bien entendu, donc à un élément mécaniste. D'ailleurs, ce que nous appelons la réaction de justice est son moindre souci; le spectacle des forces fatales attire toute son attention, la sélection, la lutte pour la vie, la persistance du plus apte..., l'école économique orthodoxe a tiré de l'évolution cette formule pratique : « laissez faire, laissez passer ».

b) En regard de ces conceptions mécanistes se dresse de toute sa hauteur la notion de Progrès.

Je l'ai dit ailleurs [1], le progrès n'est pas la même chose
que l'évolution. L'évolution est la représentation mécaniste des choses, le progrès la représentation orientée
vers la liberté. Aussi l'évolution est la nature, le progrès
la réaction humaine contre la nature. L'évolution, ce sont
les formations sociales déterminées par la force, le progrès
ce sont les réformes en vue de la justice. L'évolution
c'est l'humanité, au sens de l'ordre des primates; le progrès c'est l'humanité au sens de la civilisation, de la dou-
ceur, de la bonté. L'évolution c'est le mouvement social
ni bon, ni mauvais; le progrès c'est le mouvement social
que nous qualifions comme bon. Le progrès c'est l'évolution, si l'on veut, mais l'évolution vers le mieux; donc une
certaine évolution qui n'est pas l'évolution ordinaire.

Toujours l'idée de progrès, lorsque les hommes l'ont
conçue, a été associée à la réalisation d'un certain idéal.
Les anciens plaçaient cet idéal en arrière dans l'âge d'or;
les modernes le placent en avant. Pour les philosophes du
XVIII° siècle c'était la Raison; il s'agissait de réaliser le
type de l'homme raisonnable. Je sais bien que maintenant
on essaie de souder le progrès à l'évolution en disant que
le progrès est la forme particulière revêtue par l'évolution
en matière sociale. Le malheur est que l'évolution brutale
subsiste aussi dans le monde social; qu'elle se manifeste,
comme dans le domaine de l'histoire naturelle, par la lutte,
la concurrence, la survivance des plus aptes et qu'il faudrait alors admettre deux formes de l'évolution sociale, l'une
aveugle, l'autre humaine. Cela devient une question de mots.
Je préfère rester dans la tradition du langage en appelant
«progrès», la réaction humaine contre l'évolution mécaniste.

(1) *La science sociale traditionnelle*, p. 96 et s.

III. La représentation du mouvement social est à mon avis, vous le savez déjà, un phénomène comparable aux phénomènes thermiques. Cette affirmation est grave en ce sens qu'elle implique dans les phénomènes thermiques une certaine représentation des formes des mouvements physiques et en même temps une certaine liberté. La chaleur, et aussi la lumière, car ces deux modes de l'énergie sont indissolublement liés, joueraient dans le monde physique le rôle représentatif que joue la réflexion humaine dans le monde social; il y aurait à se préoccuper : 1° de leur rôle représentatif sans rechercher encore s'il s'exerce dans un sens mécaniste ou dans le sens de la liberté; 2° de leur tendance vers la liberté. Voici les raisons qui me font avancer ces propositions assez surprenantes :

a) De même que la réflexion humaine est représentative des formes du mouvement social, de même la chaleur et la lumière sont réellement représentatives des formes des mouvements physiques. La démonstration n'est complète que pour la lumière, mais elle est scientifiquement évidente. Les ondulations lumineuses contiennent des représentations réelles de ces formes, puisqu'en frappant notre rétine elles nous font voir ces formes. Il n'y a pas là d'équivoque possible; du moment que nous voyons des images, c'est que ces images ont une réalité extérieure; elles ne sont peut-être pas telles que nous les voyons, mais elles sont. On peut, par attitude philosophique, nier dans son ensemble la réalité du monde sensible, mais si on admet cette réalité, on est forcé d'accepter celle des myriades d'images que les ondulations lumineuses roulent dans tous les sens. Elles ne s'impriment pas seulement sur notre rétine, mais encore sur les plaques de nos clichés photographiques. Il faut pour qu'elles se révèlent des dispositifs spéciaux, mais elles sont autour de nous, en nous, partout où pénètrent la lumière et la chaleur, des myriades de myriades; elles font que notre corps par exemple, par leurs chocs et leurs rencontres, est un microcosme représentatif de l'univers; elles font que d'une façon représentative, tout est dans tout.

Non seulement la lumière et la chaleur sont représentatives, mais elles sont des énergies internes des molécules ou des atomes, cela est admis de tous les physiciens et lorsque par exemple un mouvement extérieur dont un corps est animé se convertit brusquement en chaleur, c'est que le mouvement externe dont les molécules étaient l'objet s'est transformé en modifications internes. Je m'arrête là et ne vais point jusqu'à dire que les phénomènes fluidiques et notamment ceux de chaleur et de lumière soient psychiques et, par suite, qu'ils soient identiques aux phénomènes de réflexion; je me borne à constater qu'ils sont à la fois représentatifs des formes et internes par rapport aux atomes, qu'à ces deux points de vue ils sont comparables aux faits de réflexion.

b) De même que la chaleur et la lumière se propagent par ondulation ou vibration; de même les représentations internes de l'homme, c'est-à-dire les idées, se propagent par ondulation ou vibration imitative. Je pourrais vous développer longuement cette analogie, mais je la suppose connue de vous. Vous n'ignorez certainement pas la théorie de l'*imitation* qui est l'œuvre capitale de la sociologie française contemporaine et qui est due à M. Tarde. L'auteur des *lois de l'imitation*, a lui-même écrit de très belles pages dans le premier chapitre de son livre pour développer les analogies qui existent entre l'imitation humaine et l'universelle ondulation ou vibration rythmique; il y a

vu deux formes, comparables entre elles, de la répétition
qui est au fond de l'univers et qui seule le rend objet possible de science, car il n'y a, dit-il, de science que du
général, par conséquent de ce qui se répète, se nombre,
se mesure et se pèse. Cela est vrai du moins de la science
expérimentale.

Peut-être n'a-t-il pas suffisamment attiré l'attention sur
ce que ces répétitions ont d'essentiellement *représentatif*.
De même que par l'imitation les hommes font passer
de l'un à l'autre une idée, de même par les vibrations
lumineuses les atomes font passer de l'un à l'autre une
image physique. Et ce sont ces représentations seules qui
peuvent se répéter identiquement parce qu'elles sont
typiques, c'est-à-dire en partie abstraites ; les mouvements
et les faits concrets ne se répètent pas identiquement.

Au fond, la réalité des représentations lumineuses et
thermiques correspond à la réalité mathématique. Il y
avait dans la doctrine de Pythagore une grande part de
vérité ; les nombres n'expriment pas les mouvements physiques, mais ils expriment la « représentation » des mouvements et *cette représentation a une réalité propre* par
l'intermédiaire de laquelle on peut agir sur les mouvements. C'est pour cela que l'ingénieur peut construire
avec des chiffres et des épures une machine viable, parce
que ses chiffres et ses épures correspondent à la réalité
représentative. C'est par là, que les mages pouvaient d'une
certaine façon agir sur les mouvements. La réalité représentative dans le monde physique est supposée à la fois par les
applications modernes des sciences et par l'antique magie.

c) De même, enfin, que le mouvement physique se transforme en chaleur (exemple du boulet de canon heurtant
une plaque de blindage et entrant en fusion) et qu'à

l'inverse la chaleur ou la lumière se retransforment en mouvement ; de même le mouvement social se transforme en des représentations et, inversement, ces représentations se retransforment en mouvement social. Ces dernières analogies sont tirées de la thermodynamique et feront l'objet de la prochaine leçon.

Je n'ai voulu parler dans ces quelques observations que de l'énergie représentative chaleur-lumière, parce que c'est la seule que l'on connaisse un peu. Mais bien des faits font soupçonner que d'autres énergies sont également représentatives. Un appareil, comme le téléphone, dont d'ailleurs la théorie n'est pas complètement faite, ne peut reproduire la voix humaine et d'une façon générale les sons que si, d'une part, dans les ondulations sonores il y a quelque chose de représentatif, ce qui expliquerait leur caractère harmonique [1] ; et si, d'autre part, le fluide électrique est lui-même une énergie représentative. Car, en somme, un type, une formule sonore est reproduite, et il faut que cette formule ait été roulée d'ondulation en ondulation depuis l'appareil d'émission jusqu'à l'appareil de réception. Réfléchissez-y, je n'invoque pas le télégraphe à signaux, parce que là ce sont des mouvements qui sont transmis, mais j'invoque le téléphone parce que ici ce ne sont pas seulement des mouvements qui sont transmis, mais des formes. On peut invoquer aussi les énergies vitales en tant qu'elles sont répétitrices et représentatives des formes des êtres.

[1] Voir la sixième leçon sur l'harmonie des formes et la beauté.

QUATRIÈME LEÇON

La conversion du mouvement social en énergie représentative et inversement.

SOMMAIRE. — I. La conversion du mouvement social en énergie représentative. Analogies avec la conversion du mouvement physique en chaleur. — A. Dégagement de représentations mentales en cours de travail social analogue au développement de chaleur en cours de travail mécanique : dégradation des énergies du travail social. — B. Application : 1° Du principe de l'impossibilité du mouvement perpétuel; 2° Du principe de Mayer, l'équivalence de la chaleur devient l'équivalence du « représentatif »; phase active des peuples et phase représentative.

II. La Conversion des énergies représentatives en mouvement social, analogies avec la conversion de la chaleur en mouvement. — A. contribution des énergies représentatives répandues dans le milieu social aux mouvements sociaux; analogie avec la contribution apportée par la chaleur et la lumière épandues dans les milieux physiques aux mouvements physiques. — B. Mouvement social engendré par les systèmes d'idées représentatives; analogie avec le mouvement physique engendré par les machines thermiques : formation d'un système d'idées destiné à devenir une force; il doit s'enfermer en une institution qui est comme le vase clos de la machine thermique; faible rendement de ces machines sociales; de la température dans ces machines sociales; la vérité des représentations est ce qui constitue la température; application du principe de Carnot, le maximum de rendement se trouve dans les situations proches du réversible.

III. Renvoi à la sixième leçon du principe de Clausius, l'augmentation de l'entropie.

La mécanique rationnelle et l'édifice entier de la physique mathématique reposent aujourd'hui sur la thermodynamique, c'est-à-dire sur les principes d'après lesquels le mouvement se transforme en chaleur, et la chaleur se retransforme en mouvement [1]. Nous sentons aussi qu'en matière sociale la transformation du mouvement social en énergies représentatives, et la retransformation des énergies représentatives en mouvement sont les phénomènes essentiels, car ils peuvent fournir une conciliation pratique du mécanisme et de la liberté dans la réalité sociale. Nous approchons donc des analogies fondamentales.

I. Observons d'abord la conversion du mouvement social en énergie représentative et rapprochons ce phénomène de la conversion du mouvement physique en chaleur.

Le mouvement doit être pris ici comme résultant du travail de certaines forces.

A. C'est un fait que tout mouvement physique obtenu par le travail de certaines forces est accompagné d'une production de chaleur qui se dégage en cours de travail; une partie du mouvement est convertie en chaleur; l'exemple le plus simple est celui de l'échauffement des rouages d'une machine qui travaille. C'est un fait aussi que tout mouvement physique obtenu par le travail de certaines forces, lorsqu'il est subitement arrêté donne lieu à un dégagement de chaleur : exemple du boulet de canon propulsé par le travail de la poudre, arrêté par une plaque de blindage; il entre en fusion. Comme toutes les forces ou énergies physiques s'emploient à produire des mouve-

---

(1) H. Poincaré, *Thermodynamique*. Il en est de même de la chimie. Je crois même que lorsque la thermodynamique chimique sera complètement constituée, c'est elle qui fournira à la science sociale les analogies les plus précieuses, car les phénomènes sociaux ont la complexité chimique.

ments par leur travail, elles tendent toutes plus ou moins
vite à se transformer en chaleur. S'il y a dans l'univers
des mouvements premiers, ces mouvements engendrant
des énergies et ces énergies engendrant ensuite par leur
travail des mouvements seconds, le tout aboutit quand
même à la forme finale chaleur. On appelle cela la dégradation de l'énergie, parce que la chaleur au point de vue
du travail utile qu'elle peut fournir en mouvements est
l'énergie la plus basse; ce qui ne l'empêche point de jouer,
à mon avis, un rôle considérable à titre d'énergie représentative.

Passons aux analogies sociales. C'est un fait que tout
mouvement social obtenu par un travail est accompagné d'un dégagement de « représentations »; une
partie des énergies du mouvement se dépense en pures
mentalités. Examinons le fonctionnement d'une usine. Le
patron apporte le potentiel de ses capitaux et celui de ses
aptitudes personnelles; mais nous savons déjà que ces
énergies ne peuvent agir sur les ouvriers que sous la forme
représentative « pouvoir »; il faut donc que le patron se
fasse une représentation de son pouvoir, elle peut être
plus ou moins exacte; il faut aussi que les ouvriers apprécient mentalement ce pouvoir. Les ouvriers apportent
leur force de travail, mais ils s'en font une certaine idée
et le patron une autre. Pour que l'usine commence à
marcher, il faudra que toutes ces « représentations » des
forces en présence se soient accordées en vue de la coopération, laquelle est elle-même « représentée » par des
idées de bénéfices, de salaires, etc. Une fois l'usine
en marche, toutes ces représentations mentales conti-
nueront de se développer et il viendra s'y en adjoindre
beaucoup d'autres, l'idée de l'effort pénible du travail, de

l'inégalité de la répartition chez les ouvriers ; la préoccupation du risque et de la concurrence commerciale chez
le patron ; et encore les rivalités d'atelier, les injustices de
contre-maîtres ; de là accumulation de sentiments de haine
et d'idées sociales représentatives qui à leur heure feront
explosion dans une grève. Il n'est pas une entreprise, pas
une œuvre, pas un service administratif dont le fonctionnement ne dégage ainsi de la mentalité accessoire et où
ne se produise sous cette forme la déperdition de l'énergie
de mouvement. Et encore n'ai-je point parlé de la déperdition sous la forme jouissance.

C'est un fait encore que tout mouvement social obtenu
par un travail, s'il est brusquement arrêté, dégage une
mentalité considérable. Il serait facile de citer l'efferves-
cence qui agite une population ouvrière lorsqu'un événement fortuit vient interrompre son travail quotidien, in-
cendie d'usine, accident de mine, etc... Ou bien celle que
provoque une déclaration de guerre, une mobilisation, le
subit arrêt de la vie ordinaire de tout un peuple. Ce qu'à
Paris en 1871 on a appelé la fièvre obsidionale, n'a été
que le dernier aboutissant des excitations cérébrales,
des imaginations ardentes dégagées par la guerre de
l'année terrible. Il est plus intéressant peut-être d'observer que les révolutions sont en général amenées par
l'explosion d'idées passionnées qui se produit lorsqu'un
travail de réforme déjà commencé est arrêté intempes-
tivement par l'autorité. Il ne faut pas confondre révolution avec révolte. La révolution est une évolution plus
rapide ; mais il faut que le mouvement d'évolution ait
commencé, puis qu'il ait été arrêté. C'est ainsi, dans tous
les cas, que se sont produites les journées révolutionnaires
de 1789, elles ont été provoquées par des maladresses de

la cour essayant d'enrayer le travail réformateur. C'est l'histoire aussi des journées de 1830 et de 1848. Ces révolutions, d'ailleurs, sont le fait d'un peuple et d'une époque essentiellement « représentatifs » c'est-à-dire où les idées prédominent sur les instincts organiques.

Comme toutes les énergies sociales s'emploient à produire des mouvements sociaux par un certain travail, même les énergies matérialisées telles que les capitaux, et comme tout ce travail aboutit à un dégagement de représentations mentales, dans une société donnée, les énergies de mouvement tendent vers l'état d'énergie représentative. Les événements eux-mêmes, qui sont des mouvements premiers, par les énergies neuves qu'ils apportent et par la transformation graduelle de celles-ci, contribuent à augmenter la masse des idées, des sentiments, des imaginations sociales. Il se produit ainsi une dégradation continuelle de l'énergie sociale, du moins de l'énergie de mouvement, car, au point de vue du rendement en travail, on sait que la réflexion est inférieure à l'activité brute et, quant à la jouissance, elle devient vite improductive en émoussant le désir. Au bout de cette idéification continuelle, se trouve l'état d'esprit critique, qui est destructeur de toute activité, ou bien l'état d'esprit blasé qui ne l'est pas moins. Les sociétés riches en représentations mentales peuvent savoir utiliser plus habilement leur énergie (V. 6° leçon), mais cette énergie est diminuée.

B. Le fait de la dégradation de l'énergie physique et de sa transformation progressive en chaleur a fourni à la science plusieurs vérités d'expérience et plusieurs principes que nous allons passer en revue :

1° L'impossibilité du mouvement perpétuel. Étant donnée la déperdition en chaleur, le rendement d'une machine est toujours inférieur à la puissance initiale qui la meut. Dès lors il est impossible qu'une machine, si ingénieusement agencée qu'elle soit, puisse reconstituer par son seul travail la puissance nécessaire à sa marche. Au bout d'un temps plus ou moins long, si elle est abandonnée à elle-même, elle s'arrête. C'est le cas du pendule le plus délicatement suspendu.

En matière sociale, le mouvement perpétuel est tout aussi impossible. Une entreprise sociale, qui n'est pas alimentée par des forces extérieures adaptées à sa forme particulière, ne tarde pas à s'arrêter; l'énergie de mouvement qu'elle contenait au début se dégrade en énergie représentative; l'activité initiale des directeurs et des employés d'une maison de commerce ne tarde pas à se ralentir parce qu'une partie passe en réflexions, en imaginations, en jouissances, en rivalités stériles. C'est un fait, dans tous les cas, que les sociétés et les institutions sociales sont périssables.

Au fond, la mort, aussi bien celle des organismes vivants que celle des institutions et entreprises sociales, semble être un cas d'application de l'impossibilité du mouvement perpétuel. Un être vivant ou une institution sociale constituent un système fermé qui contient une certaine somme d'énergie de mouvement; peu à peu cette énergie propre se transforme en sa représentation; sans doute l'être s'alimente, il reconstitue en partie son énergie de mouvement, jamais complètement; il y a suivant une théorie d'Helmoltz, dans chaque organisme, une certaine quantité d'énergie *engagée*, qui possède une qualité particulière et que la nutrition ne peut pas renouveler intégralement parce que cette qualité est incommunicable. La machine s'arrête, c'est la mort par impossibilité de vivre.

Toutefois, nous verrons dans notre sixième leçon que le phénomène n'est pas aussi simple. En réalité, l'énergie représentative dégagée s'emploie à créer de l'équilibre statique qui économise le mouvement de la vie. La mort survient parce qu'un accident rompt l'équilibre statique et parce qu'il n'y a plus assez d'énergie de mouvement pour qu'une autre forme d'équilibre soit réalisée.

2° La transformation des énergies physiques en chaleur se produit avec une certaine équivalence. C'est un cas particulier de la persistance de l'énergie. La formule de cette équivalence porte le nom de principe de Mayer. En voici l'énoncé : « Si un système de corps, après avoir dé-« crit un cycle de transformations (en absorbant du tra-« vail), revient à son état initial (en restituant de la chaleur), « le travail fourni au système par les forces extérieures « est égal à la quantité de chaleur cédée par le système « multipliée par un coefficient constant » (1).

Ainsi, par exemple, si une certaine quantité de glace est fondue en eau par un travail de pilonnement, et qu'elle revienne à son état initial par regel, elle restitue une quantité de chaleur qui est fonction du travail de pilonnement.

Le principe de Mayer peut être transporté en matière sociale; il devient alors « l'équivalence du représentatif », il s'énoncera ainsi : « Ce qu'une institution sociale reçoit en travail et en mouvement pendant sa période de croissance, elle le restitue en énergie représentative pendant sa période de décroissance ». Cette proposition est sensiblement vraie. Sans doute, on ne saurait prétendre qu'une institution sociale à son déclin revienne tout à fait à son état initial, après un cycle de transformations; pas plus

(1) H. Poincaré, *thermodynamique*, p. 66.

qu'un organisme vivant, dans sa vieillesse, ne revient absolument à l'état initial de son enfance. Néanmoins il est incontestable qu'après un cycle de transformations qui se décompose en une période de croissance et une période de décroissance, une institution comme un organisme est ramenée très près de cet état initial. Comme on le dit, le vieillard retombe en enfance.

Or, si l'on cherche à déterminer la caractéristique de l'époque de croissance et celle de l'époque de décroissance on s'aperçoit : 1° que dans la période de croissance, une institution sociale est un centre d'activité brute considérable, que des énergies de mouvement s'y dépensent, qu'elle est le théâtre d'un travail incessant qui, sans cesse, en modifie la forme extérieure, qu'elle représente surtout une force qui se crée ; 2° que dans la période de décroissance, cette même institution est surtout une fonction qui a pris conscience d'elle-même, qu'elle s'use en pures représentations mentales ou en jouissances procurées aux hommes.

Il en est comme des âges de la vie humaine : « c'est le corps qui va devant ». Dans la première partie, la vie physique l'emporte de beaucoup, le corps se développe, l'homme est animé d'une activité aussi exubérante que peu réfléchie ; dans la seconde partie le corps ne se développe plus, l'activité est réfléchie, toute la vie a passé dans les représentations subjectives.

Prenons le gouvernement d'un peuple. Au début le gouvernement existe, mais la nation n'en a pas le concept bien défini ; cependant il se développe, il travaille, il pénètre du réseau de ses services administratifs toute la masse sociale, il centralise ; à un moment donné, le pays acquiert le concept de son gouvernement, les hommes s'en font une représentation, ils se font une idée de sa fonction; la réaction de cette représentation subjective est tellement forte que les rouages du gouvernement vont être organisés d'après le type représentatif. C'est peut-être le point de départ d'une ère d'organisation statique très avantageuse, mais, sûrement, c'est le déclin, au point de vue énergétique; le gouvernement représentatif finit dans l'impuissance, il retourne à la faiblesse par où le gouvernement absolu avait commencé. Or, il a restitué en agitations politiques et électorales, en polémiques de presse, en réunions publiques, en discussions parlementaires, c'est-à-dire en pures représentations mentales, tout ce que le gouvernement absolu avait reçu de travail effectif.

Il est difficile en ces matières d'arriver à des équivalences quantitatives. On sent néanmoins que plus un gouvernement a été fortement centralisé, plus il restituera de verbosité démocratique s'il parvient à cette phase représentative de son existence. La France en est un exemple remarquable. Ayant été particulièrement centralisée pendant plusieurs siècles par un gouvernement absolu, son parlementarisme actuel est particulièrement représentatif; c'est beaucoup moins un instrument de gouvernement réel qu'un spectacle que le pays se donne à lui-même. En Angleterre, le mélange de réalité et de représentation s'est produit plus tôt et dans des proportions meilleures.

Si maintenant on prend pour objectif la science, la littérature, les beaux-arts, l'idéal moral, le sentiment religieux, c'est-à-dire tout ce qu'il y a de meilleur dans la civilisation représentative, on peut augurer d'un peuple qui dans sa jeunesse a été animé d'une activité ardente, qui a été très batailleur, ou très industriel, ou très commerçant, que sur le tard, dans la deuxième phase de son existence, il sera d'autant plus fécond en représentations idéales,

d'autant plus savant, d'autant plus artiste, d'autant plus
moral, d'autant plus religieux. On invoquerait à l'appui la
Grèce, Rome, la France, qui dans la première phase de
leur existence furent d'une activité très batailleuse; on
pourrait fonder des espérances sur les races anglo-sa-
xonnes, surtout sur la population des États-Unis d'Améri-
que; sauf à voir si l'activité commerciale se convertit
aussi avantageusement en énergie représentative que l'activité guerrière ou si elle ne doit point passer par la forme
guerrière.

II. Observons maintenant la conversion des énergies
représentatives en mouvement social et rapprochons ce
phénomène de celui de la conversion de la chaleur en
mouvement physique.

A. C'est un fait que l'énergie calorique, bien que ce soit
la forme d'énergie de mouvement la plus basse, grâce à
des dispositifs convenables, se retransforme en d'autres
énergies et en des mouvements physiques. Cela se produit
d'abord sous forme d'action du milieu; c'est-à-dire que la
chaleur et la lumière épandues, soit dans les espaces plané-
taires, soit dans les atmosphères, sont élément de mouvement et de vie. Les sciences physiques ne sont pas encore
assez avancées pour nous renseigner sur tous leurs em-
plois. Nous ne savons pas, par exemple, à quoi sert le torrent de chaleur et de lumière versé sans fin par les soleils
dans les espaces interplanétaires; il serait bien singulier
qu'il fût sans utilité et qu'il ne contribuât pas d'une façon
quelconque à la gravitation, par exemple en remplissant
l'espace de représentations orbitaires, mais nous sommes
dans l'ignorance.

En revanche, nous savons que l'énergie calorique qui
pénètre l'atmosphère de notre planète intervient dans le

circulus de la vie organique et que sans elle ce cycle ne fonctionnerait point. Non seulement la vie suppose dans le milieu externe une certaine température, mais la chaleur intervient comme un élément positif. Il faut pour s'en rendre compte, laisser de côté le monde aquatique, qui est à part, et envisager l'ensemble du règne végétal et du règne animal terrestres. Il y a dépendance mutuelle de ces deux règnes; les végétaux fournissent aux animaux les aliments en carbone qui leur sont nécessaires, les animaux restituent à l'air libre de l'acide carbonique que les végétaux vont retransformer en carbone. C'est ici qu'intervient l'énergie calorique. C'est grâce à une action chimique exercée par certains rayons du soleil sur la chlorophylle des feuilles que se produit la fixation du carbone, avec dégagement de l'oxygène qui lui aussi va être utile aux animaux. Le carbone est donc le produit d'une réaction calorique et lumineuse. Or, vous savez quelle source d'énergie et de mouvement devient le carbone, non seulement dans les organismes vivants, mais dans les machines thermiques inventées par l'homme. Observons en passant que le monde organique se trouve être ainsi essentiellement l'œuvre d'une énergie représentative, car à la fin de la leçon dernière nous avons signalé la nature représentative de la lumière. Nous aurons à nous en souvenir lorsque nous aurons à expliquer la répétition du type dans les espèces (V. *infrà*, sixième leçon, p. 121).

Il est clair que les représentations mentales du mouvement social répandues parmi les hommes jouent, elles aussi, un rôle énorme à titre de milieu favorable ou défavorable à certaines institutions. Cette sorte de milieu atmosphérique s'appelle ici l'opinion. Ce milieu est très agité de courants divers, cependant il se forme une opi-

nion commune sur un ensemble de questions. Les vibrations ou ondulations imitatives d'idées sont d'ailleurs en-
tretenues par des sources qui sont comme des soleils pâles
ou brillants, ce sont les orateurs aimés de la place publique ou les journaux en faveur, suivant les époques; ce
sont aussi et surtout les penseurs. De même que l'action
de la lumière est indispensable pour le circulus de la vie
dans le règne organique où la représentation des types et
des formes joue un si grand rôle; de même l'action de
l'opinion est indispensable pour le circulus de la vie dans
les gouvernements représentatifs des peuples qui sont
tout en formes de procédure et en légalité. C'est une vérité
banale que les démocraties, les gouvernements parlementaires sont des gouvernements d'opinion. Il est facile
de voir pourquoi; c'est l'opinion qui dans chaque individu
humain détermine la formation d'idées représentatives
semblables, qui serviront de base à la délégation du gouvernement ainsi qu'à la légalité; elle contribue pour ainsi
dire à recréer le carbone.

L'opinion peut obéir à la mode, alors les institutions
sont changeantes, elle peut aussi obéir à la tradition,
alors les institutions s'enracinent. L'opinion n'est pas
moins importante d'ailleurs en matière économique qu'en
matière politique, car elle crée les clientèles. C'est à elle
qu'il faut faire honneur de la création de la vitesse
acquise des institutions, puisque dans notre deuxième
leçon nous avons vu que la vitesse acquise est fonction de
la notoriété, de la publicité, de la renommée.

L'opinion tue, il est vrai, aussi bien qu'elle vivifie, mais
les énergies caloriques ne sont pas non plus constamment
bienfaisantes, elles ont leurs colères sinistres; il y a des
chaleurs torrides et des froids intempestifs; il y a les in-

cendies, les lumières aveuglantes et les obscurités trop prolongées, enfin il y a les orages électriques qui sont dans un rapport mystérieux avec la chaleur.

— La chaleur n'est pas seulement un élément du milieu externe des organismes, elle constitue chez les animaux à sang chaud un milieu interne, milieu sans doute d'une importance capitale, car son apparition marque un progrès immense dans l'échelle des êtres. Nous trouverons, je crois, une analogie à la distinction des animaux à sang froid et des animaux à sang chaud, si nous comparons les sociétés dans lesquelles les individus n'ont pas encore la représentation mentale de la collectivité avec les sociétés où chacun des membres a cette représentation, où par conséquent chaque membre n'est plus un instrument inerte, mais un collaborateur réfléchi et un foyer de dévouement à la collectivité. Nous reviendrons sur ces considérations dans la prochaine leçon lorsque nous comparerons la solidarité organique et la solidarité représentative. Nous ne savons pas si dans les animaux à sang chaud la température interne est la condition de l'apparition d'une personnalité psychique supérieure; en revanche, nous pouvons affirmer que dans les sociétés et institutions sociales, la température interne déterminée par la solidarité représentative est la base véritable de la personnalité morale [1].

B. La réaction thermique se produit aussi d'une autre façon grâce à des dispositifs appelés machines thermiques; là l'énergie calorique est transformée en mouvement par l'intermédiaire de gaz ou de vapeurs dont elle excite la force d'expansion en vase clos. La machine thermique, en

[1] V. *infrà*, appendice sur les personnes morales.

effet, c'est essentiellement la marmite de Papin, c'est-à-
dire un vase clos contenant une vapeur susceptible d'expansion sous l'influence de la chaleur.

Les machines thermiques donnnent lieu aux remarques
suivantes :

1° Elles sont à faible rendement;

2° La nature du gaz ou de la vapeur dont on utilise la
force d'expansion est relativement indifférente: l'air chaud
produit à peu près les mêmes effets que la vapeur d'eau,
etc. Ce qui importe à la force de la machine, c'est la température, ou plutôt l'écart de température entre le foyer
et l'air libre (ou le condenseur);

3° Le maximum de rendement de la machine est obtenu
lorsqu'elle est réversible, c'est-à-dire lorsque la résistance
à la machine égale tellement sa force motrice, que cette
résistance pourrait à son tour devenir le moteur (Principe
de Carnot).

Les idées, les systèmes, les idéals, toutes les représentations mentales, servent à constituer dans le monde
social des machines analogues aux machines thermiques.
De même que la chaleur agit sur les molécules des gaz
pour exalter leur force d'expansion, de même les représentations mentales agissent pour les exalter sur les
énergies des hommes, sur leur force de désir, sur leur
force de croyance, sur leur force de volonté. Et de même
que la machine thermique exige que la force d'expansion
des gaz se développe en vase clos, afin d'obtenir une certaine tension, de même l'action sociale d'un idéal exige
qu'un certain nombre d'hommes soient mis en vase clos, soit
dans une société secrète, soit dans un cénacle, soit dans
une ligue ou association, soit tout au moins dans un système, dans la formule d'un dogme commun. Je me refuse

à croire, par exemple, qu'une action morale socialement
appréciable puisse être exercée par des hommes, si la
formule d'un dogme précis ne les constitue pas en une
sorte d'église.

Remarquons-le bien, l'histoire de tout principe idéal qui
parvient à être source de mouvement social, se décompose
en deux phases. Il y a une première phase pendant laquelle le principe se développe librement, il se propage
parmi les hommes à la façon de la lumière ou de la chaleur atmosphérique; peu à peu les hommes se mettent à
désirer que ce principe entre dans l'organisation sociale,
qu'il soit consacré par la loi, ou qu'il s'incarne en une
institution. Lorsque cela est réalisé, s'ouvre la seconde
phase; le principe est devenu le foyer d'une véritable
machine thermique; il est une force très maniable et
très redoutable; il est même désormais beaucoup moins
un principe idéal qu'une force, et souvent il devient nécessaire de réglementer cette force. — Voici par exemple
l'idée du suffrage universel; pendant longtemps ç'a été
un pur principe idéal et nos pères se sont dévoués pour
le faire entrer dans la législation. Maintenant qu'il y est
entré, le suffrage universel n'est plus un principe, mais
une force, un foyer qui alimente une formidable machine
électorale; on se préoccupe de régler cette force, par le
referendum, par la représentation des minorités, par le
suffrage des femmes, que sais-je? Or, quel a été le moment critique où la destinée du principe a changé? C'est
le moment où il est entré dans une organisation sociale,
c'est-à-dire dans le vase clos d'une machine.

Les machines sociales sont donc au fond des organisations ou institutions encerclant des hommes, et l'idée,
l'idéal, le principe, les alimentent à la façon d'un foyer qui

dilaterait les énergies de ces hommes. Il y a cela de remarquable, seulement, que l'idée a commencé par se créer à elle-même l'enveloppe de sa machine, car c'est elle qui a provoqué la formation de l'institution.

A part cela, les machines sociales se comportent comme les machines thermiques :

1° Elles sont à faible rendement. Le déchet subi dans les résultats est frappant : il suffit de signaler les résultats moyens de la machine électorale, la moralité moyenne réalisée par les églises, l'instruction moyenne réalisée par l'université, etc...

2° La force des machines sociales ne dépend guère de la race des hommes dont les énergies pratiques vont être exaltées; toutes les races ont eu des civilisations et toutes les civilisations nous fournissent des exemples de tensions remarquables obtenues. Toute la question est de porter les énergies individuelles à une température aussi élevée que possible, d'exalter la force de désir, la force de croyance, la force de volonté! Les guerres saintes de l'Islam, par exemple, impliquent une machine religieuse très forte, aussi bien que les croisades chrétiennes. Il s'agit, dis-je, de porter les énergies de l'homme à une température élevée *au-dessus de la moyenne,* car si l'excitation ne dépasse pas la moyenne, elle ne deviendra pas source d'activité spéciale et plus elle dépassera cette moyenne, plus elle sera une source d'activité spéciale. C'est la même loi que pour les machines thermiques où la source de force est dans la différence de température entre le foyer et l'air libre; l'état moyen de tension des énergies pratiques de l'homme représente ici l'air libre.

Nous supposons, d'après ce qui précède, que les représentations mentales, les idées, les idéals, les principes, malgré leur extrême diversité, ont une qualité commune qui est de pouvoir exciter plus ou moins les énergies sociales de l'homme et que nous comparons à la température. Ceci est de nature à provoquer plusieurs réflexions.

D'abord, au point de vue physique aussi, le seul caractère commun des phénomènes que nous appelons caloriques ou thermiques, est de présenter une certaine température, et peut-être que les causes profondes de l'émotion calorique dans les molécules des corps sont aussi variées que le sont les représentations mentales qui déterminent l'excitation pratique dans les hommes.

Ensuite, la température représentative qui semble au premier abord être fonction de l'excitation du désir, se trouve finalement être fonction de l'excitation de la force de croyance, c'est-à-dire fonction de la vérité des représentations mentales. Je dis qu'au premier abord il paraît naturel que la température représentative soit fonction de l'intensité du désir provoqué, car le désir semble l'énergie individuelle fondamentale. Mais on ne tarde pas à s'apercevoir que la vertu d'une énergie représentative est fonction, tantôt de l'augmentation du désir, tantôt du renoncement au désir. Il y a là un phénomène singulier. Les doctrines de convoitise, en surexcitant les désirs de l'homme, sont source d'activité exceptionnelle; mais les doctrines de renoncement qui réfrènent les désirs sont également source d'activité très grande. Et tout ce qu'il y a d'excitation dans les idéals peut être ramené soit à l'un soit à l'autre de ces deux pôles. L'explication est sans doute que le renoncement au désir d'un bien actuel n'est qu'une convoitise d'un bien futur, et par conséquent un désir à la seconde puissance. Mais cette explication fait intervenir la force de croyance et prouve que les énergies représentatives n'ont d'autre température que leur degré de vérité; car si nous substituons à un désir immédiat, le désir d'un bien futur qui impose le renoncement au bien immédiat, c'est par un effort de croyance, et il faut que l'idée qui développe à ce point notre croyance et la fait triompher de notre désir immédiat, nous apparaisse pleine d'une bien évidente vérité.

A la réflexion, d'ailleurs, on s'aperçoit que c'est bien directement à la force de croyance que s'adressent les énergies représentatives et qu'elles doivent avoir d'autant plus d'action qu'elles sont plus représentatives, c'est-à-dire qu'elles contiennent plus de vérité.

3° Enfin le principe de Carnot s'applique aux machines sociales aussi bien qu'aux machines thermiques, c'est-à-dire que le maximum de rendement est obtenu dans les circonstances les plus voisines de la réversibilité. Un exemple curieux et instructif nous est donné par l'action de l'église chrétienne sur le monde.

Il est visible que les fruits de l'évangélisation, je parle des fruits en œuvres sociales, en transformations profondes et en institutions, sont d'autant plus abondants, que les populations évangélisées constituent un milieu plus semblable au milieu chrétien. L'évangélisation des sauvages de nos jours est stérile en œuvres indigènes. Celle des barbares aux débuts du moyen âge fut très longue à produire ses résultats. Au contraire, chez les gentils du monde gréco-Romain, l'apostolat produisit immédiatement des œuvres admirables. C'est que les gentils étaient déjà d'une civilisation avancée; c'est que soit dans les doctrines stoïciennes, soit même dans certains dogmes païens, il y avait des sources de haute moralité. Certains auteurs se sont plu à faire ressortir cette coïncidence et ont pensé par là diminuer l'importance de la révélation chrétienne. Les faits n'ont pas la signification qu'ils ont cru. Il n'en reste pas moins que, pour produire un travail quelconque, la doctrine chrétienne devait être très supérieure; mais l'étendue des résultats dépendit, en effet, de ce que le milieu était préparé et de ce que, jusqu'à un certain point, la doctrine stoïcienne se rapprochant de l'évangile, la situation était très près du réversible.

III. Si je ne m'abuse, les rapprochements que nous venons de faire n'ont pas été sans intérêt; il a été curieux de voir le mouvement social, caractérisé par l'activité brute des hommes ou par les événements, se transformer en sa représentation mentale; curieux aussi de voir les énergies représentatives, à leur tour, se retransformer en mouvement social, en organisations et en institutions. Ces métamorphoses sont bien comparables à celles du mouvement en chaleur et de la chaleur en mouvement. Nous avons pu appliquer en matière sociale le principe de l'impossibilité du mouvement perpétuel; le principe de Mayer devenu « l'équivalence du représentatif »; les principes sur les machines thermiques, notamment celui de Carnot sur le maximum de rendement. Nous n'avons pas épuisé cependant les analogies que la thermodynamique doit nous fournir. Il nous reste à utiliser le principe de Clausius ou de l'augmentation de l'entropie; ce principe se formule ainsi : « Dans les transformations d'un système fermé, il est une grandeur qui augmente constamment, l'entropie, et lorsqu'elle est la plus grande possible, les transformations du système s'arrêtent ». Ce principe nous fournira des lumières extraordinaires sur la conduite et sur la création du statique en matière sociale, vulgairement sur la créa-

tion des situations d'état. Nous verrons que c'est à cela que
s'emploient les énergies représentatives.

Malgré l'intérêt pressant qui s'attache à ces nouveaux
développements, je les ajourne à notre sixième leçon et
j'entends consacrer notre cinquième, c'est-à-dire la prochaine, à l'étude des deux premières formes de la solidarité sociale. C'est, qu'en effet, il convient d'utiliser sans
délai les résultats auxquels nous sommes arrivés; or, ils
importent à la notion de la solidarité. La distinction à laquelle nous sommes conduits, entre le mouvement social
et la représentation de ce mouvement, doit devenir fondement de classification en cette matière.

CINQUIÈME LEÇON

La solidarité organique et la solidarité représentative.

SOMMAIRE. Rapprochement entre la solidarité sociale et les liaisons
mécaniques; classifications possibles.

I. La solidarité organique fondée sur la force de désir et sur la circulation énergétique; elle se caractérise par la matérialité et la contrainte.

II. La solidarité représentative. — A. Elle s'établit par l'unanimité
dans les représentations mentales, donc elle s'appuie sur la force de
croyance et sur l'énergie représentative des concepts; a) elle s'accuse en des idées communes; b) elle aboutit au fait de la représentation juridique et lui donne de la réalité; c) elle est pénétrée
de liberté; d) la solidarité représentative ne se confond pas avec
le contrat social. — B. Analogie de la solidarité représentative
avec les liaisons invisibles de Hertz.

III. — A. La solidarité organique et la représentative sont complémentaires; l'une constitue l'individualité des corps sociaux,
l'autre est la base de la personnalité morale; développements
sur la personnalité morale. — B. Les deux formes de solidarité
sont en réaction perpétuelle; analyse du régime représentatif en
politique; l'organisme intervient dans le procédé de la majorité;
distinction de la fonction et du mandat public; véritable notion du
droit électoral; erreur de Rousseau sur le souverain organe collectif;
la souveraineté électorale est représentative, c'est-à-dire personnelle.

IV. Conciliation « historique » entre la solidarité organique et la
représentative : le phénomène de l'institution; il convient aussi
de chercher une conciliation « actuelle »; transition à la leçon suivante.

La solidarité est ce qui fait que, suivant une énergique
parole, les hommes sont « membres les uns des autres »;

elle est « l'interdépendance des hommes en tant qu'elle résulte du mouvement social »; elle est donc ce qu'en mécanique rationnelle on appelle la liaison d'un système de corps.

Les liaisons mécaniques sont rattachées plutôt aux énergies qui se dépensent dans le mouvement qu'au mouvement lui-même; ainsi une première théorie, dite énergétique, explique les liaisons des systèmes par la circulation de l'énergie et la division du travail qui en est la suite; une seconde théorie, dite classique, les explique par les forces centrales moléculaires; enfin une troisième due à Hertz les explique par des liaisons invisibles (V. p. 9). Tout en admettant, nous aussi, que les liaisons sociales, c'est-à-dire les formes de la solidarité, sont déterminées par des modalités de l'énergie, nous allons être amenés par les faits sociaux à modifier cette classification.

Il y a trois formes essentielles de solidarité, la solidarité organique, la solidarité représentative, la solidarité de la conduite. Toutes les trois s'appuient sur des énergies individuelles de l'homme; la forme organique s'appuie sur le désir, la forme représentative sur la croyance, la forme éthique sur la volonté. Mais, en outre, la solidarité organique se réclame de la circulation énergétique; la solidarité représentative se réclame des liaisons invisibles de Hertz; enfin la solidarité de la conduite se réclame d'un principe qui n'est pas invoqué à cette place en mécanique rationnelle, et qui est pourtant la raison ultime des liaisons statiques, l'augmentation de l'entropie.

Je n'ai point la prétention outrecuidante de modifier les idées reçues en mécanique rationnelle; toutefois je suis frappé de la simplicité des catégories que nous révèlent les faits sociaux : il y a un mouvement social, une représentation du mouvement social et, enfin (nous le verrons), une conduite du mouvement social; il y a de même une solidarité organique qui correspond aux énergies de mouvement; une solidarité représentative qui correspond aux énergies représentatives; une solidarité éthique qui correspond aux énergies de conduite. Après tout, pourquoi, si tout se tient dans la nature, ces faits, très apparents en matière sociale, n'autoriseraient-ils point à supposer qu'il y a aussi dans le monde physique des énergies de mouvement, des énergies représentatives, des énergies de conduite et par conséquent des liaisons de mouvement ou organiques, des liaisons représentatives, des liaisons de conduite? Dans la leçon d'aujourd'hui, d'ailleurs, nous ne nous occuperons que de la forme organique et de la forme représentative.

I. La solidarité organique ne nous retiendra pas long temps parce qu'elle est généralement admise. Nous l'avons observé déjà, l'organicisme renferme une partie de la vérité et il ne devient critiquable que lorsqu'il émet la prétention de la contenir tout entière; les sociétés se conduisent d'une certaine façon comme des organismes; les hommes sont comme les éléments moléculaires ou atomiques de ces organismes. A ce point de vue ils sont solidaires en ce qu'ils font partie d'un tout.

Il y a dans cette solidarité organique un élément collectif considérable qui est tiré de la circulation de l'énergie et de la division du travail qu'elle entraîne. La division du travail se crée d'elle-même, en partie du moins, elle impose donc à l'individu des fonctions qui dans leur fond sont pour la collectivité. Mais il y a aussi dans cette espèce de solidarité un élément individuel qui est le potentiel individuel, en tant que mû par le désir. Tout le potentiel que l'indi-

vidu retire, soit de la circulation générale de l'énergie,
soit de ses énergies individuelles, s'il l'exerce, sous la direction impérieuse de ses désirs, c'est-à-dire de façon à
imposer à autrui une contrainte, rentre par là même dans
la circulation énergétique et, par suite, dans la solidarité
organique. A ce point de vue, il faut convenir que l'organisme social est en partie créé par initiative individuelle.

Il y a entre les hommes une attraction, une gravitation individuelle, de même qu'il y a attraction ou gravitation des atomes; les individualités très fortement
accusées attirent les individualités plus faibles et s'en
font une clientèle. Il existe aussi entre les hommes des
forces d'affinité, l'affinité sexuelle, la sympathie, l'antipa-
thie, etc...

La solidarité organique est donc à la fois collectiviste et
individualiste, mais elle est entièrement mécaniste. Elle
l'est en tant que procédant de la collectivité ; elle l'est aussi
en tant que procédant de l'individu, car celui-ci, quand il
exerce son potentiel individuel, est considéré comme n'o-
béissant qu'à la fatalité de ses besoins, c'est-à-dire de ses
désirs.

En résumé, la solidarité organique se caractérise par la
contrainte et en même temps par la matérialité, puisqu'elle
correspond à la réalité externe du mouvement social; elle
s'affirme dans ce que les organisations sociales ont d'extérieur. Lorsque M. Durkheim a avancé qu'un fait social
était à la fois un fait de contrainte et un fait objectif [1], il
a dit une partie de la vérité; cela n'est pas vrai de la so-

(1) Articles sur la *Méthode de la science sociale*, publiés en 1894,
par la *Revue philosophique*.

lidarité sociale intégrale, mais cela est vrai de la forme
organique de la solidarité (1).

Bien qu'elle concoure à la création du statique social,
ainsi que nous le verrons, la solidarité organique est en
soi essentiellement dynamique. Tout ce qui éveille l'idée
de luttes ou d'oppositions de forces, lui appartient; tout
potentiel qui développe du travail constitue le fonctionnement d'un organisme ou tend à constituer un organisme (2).

II. — A. J'appelle solidarité représentative celle qui
résulte du jeu des énergies représentatives du mouvement
social; tandis que dans la solidarité organique les hommes
dépendent d'un tout matériel, l'organisme social, ici, ils
dépendent d'un tout mental qui est la représentation du
mouvement social. Ce tout se constitue par l'unanimité
dans les représentations mentales. De même que des
images visuelles se superposent au point de ne former
qu'une seule image, de même des idées et des vues sociales peuvent se superposer au point de ne faire qu'une
seule idée, une seule vue commune à plusieurs hommes et
tous ces hommes sont solidaires dans cette unanimité de
concept.

Comment s'établit l'unanimité dans les représentations
mentales des hommes? Elle trouve d'abord un fondement
naturel dans les similitudes congénitales, il ne faut pas
oublier que les hommes sont de même espèce animale,
qu'ils ont les mêmes facultés et les mêmes besoins fonda-

(1) M. Worms, il est vrai, a soutenu que dans les organismes il y
a de la liberté, mais il n'a pas démontré que cela se rattachât à l'organicisme, *op. cit.*, p. 59 et s.

(2) La solidarité organique peut tendre à la constitution, soit de
simples tissus sociaux, soit d'unités politiques. — Cfr., *Science sociale trad.*, p. 295 et s.

mentaux, les mêmes énergies de croyance. Elle trouve
ensuite un facteur social dans le phénomène de l'imitation.
Il y a parmi les hommes comme des ondulations fluidiques
représentatives : toute idée humaine, étant en soi une représentation, tend à se répéter indéfiniment en des représentations similaires.

M. Tarde a démontré, dans ses *Lois de l'imitation*, non
seulement que les hommes s'imitent les uns les autres,
mais qu'ils ont une tendance à s'imiter ; il a vu avec raison
dans cette tendance une des forces sociales fondamentales ; ce n'est pas la force unique toutefois, car elle n'explique que la solidarité représentative, elle n'est point relative à la solidarité organique. Je crois pour ma part,
comme M. Tarde, que l'imitation humaine n'est que la
forme appropriée d'un phénomène plus général de nature
fluidique ; mais, tandis que M. Tarde appelle ce phénomène
la *répétition universelle,* je l'appelle la *représentation universelle,* et je l'attribue à des énergies représentatives,
ce qui, à l'idée purement numérique de répétition, ajoute
l'idée formelle d'image ou de concept.

a) La solidarité représentative s'accuse en effet, d'abord
en des concepts typiques des choses sociales en qui les
hommes communient (1). Si des hommes sont citoyens
d'un même pays, ils se font de ce pays, de son passé de
gloire, de ses intérêts dans le présent et dans l'avenir,
une certaine idée, qui est le plus souvent fausse, mais qui
produit en eux l'exaltation du patriotisme. Les enfants
d'une même race se font ainsi une idée de leur famille et
généralement une haute idée ; les membres d'une association, d'une corporation, d'un corps de métier se font une

(1) V. plus haut, 3e leçon, p. 41 et s.

idée de leur groupement. Si, maintenant, nous observons
une fonction sociale, nous apercevons que ceux qui y
participent communient en une certaine théorie de cette
fonction. Ce sont ces concepts sociaux communs qui permettent l'éducation et l'instruction des enfants par les
hommes faits, et, lorsque l'instruction devient publique,
c'est le signe que la masse des idées sociales semblables
est considérable.

Ces *idées* sociales sont *typiques*, elles subissent une
opération rationnelle dont le résultat est de les dégager
du cas particulier, de les rendre générales; par là elles
s'acheminent plus rapidement vers l'unanimité, car on
s'entend plus facilement dans le général que dans le particulier, mais en même temps elles se séparent de la réalité,
elles deviennent le type abstrait, la théorie, l'idéal. Cela
leur donne d'ailleurs une vertu de réaction sociale; lorsque
ces images se réincarneront dans le mouvement social,
elles influeront sur lui et tendront à conformer les organisations particulières au type général que les hommes se
sont fait. Si donc la solidarité organique est formatrice, la
solidarité représentative est *conformatrice*.

b) La solidarité représentative s'accuse en second lieu
par un phénomène bien intéressant, la représentation des
hommes les uns par les autres. En tant que les hommes
ont des idées sociales similaires, pour l'activité sociale un
homme en vaut un autre, puisqu'il s'agit de faire passer à
l'acte de la même façon le même concept. Observons, en
effet, que la représentation dans la vie publique est pour la
réalisation d'une certaine idée, d'un certain programme,
sur lesquels, au préalable, représentants et représentés se
sont entendus. Il s'agit donc du passage à l'acte pour cette
idée représentative. La solidarité représentative opère ici

quelque chose de nouveau. Tout à l'heure elle aboutissait
à un concept typique commun; ici, elle aboutit à faire
passer à l'acte le concept par le fait d'un homme au nom
d'un autre, ou par le fait d'un seul homme au nom de tous
les membres d'un groupe. Dans ce second emploi, comme
dans le premier, la solidarité représentative repose sur
une réalité, c'est que les hommes peuvent communier non
seulement dans une image statique, mais dans l'image
d'un mouvement, d'un passage à l'acte.

Il est d'évidence que la représentation sociale est devenue peu à peu dans notre civilisation moderne la forme
habituelle des rapports entre les hommes, soit dans les
relations privées, soit dans les relations publiques et
qu'ainsi la réalité représentative s'affirme. Dans la vie
privée aujourd'hui, qui de nous suit par lui-même toutes
ses affaires? qui ne les confie pas à un banquier, à un
commissionnaire, à un homme d'affaires, à un fondé
de pouvoir, à un maître valet? Le créancier lui-même,
dans une certaine mesure, confie sa créance à son débiteur
et est représenté par lui. En Droit, tant qu'on n'est pas
un tiers on est un représenté. Réfléchissez, c'est la contre-
partie obligée de l'extrême division du travail et de l'extrême spécialisation de la vie; mon activité propre est
limitée à un seul objet; mais cela n'empêche que mille
objets intéressent mon patrimoine ou ma réputation qui
en un certain sens sont universels; il faut bien que tous
mes intérêts soient défendus, par d'autres s'ils ne le sont
par moi, et il faut cependant qu'ils soient défendus comme
par moi, par conséquent il faut que je sois représenté.
Dans la vie publique la plupart des institutions ne sont-
elles pas établies sur le régime électif, c'est-à-dire sur le
régime représentatif?

c) La solidarité représentative présente en dernier lieu deux caractères importants, elle est à la fois très intellectuelle et très pénétrée de liberté, s'opposant ainsi trait pour trait à la solidarité organique qui, elle, est très matérielle et très mécaniste.

A la vérité, on pourrait dédoubler la solidarité représentative; dans notre troisième leçon nous avons vu que les hommes se font des choses une représentation mécaniste et utilitaire, aussi bien qu'une représentation libérale; les deux conceptions deviennent base de solidarité; il y a une solidarité des intérêts et une solidarité désintéressée; la solidarité des intérêts constitue le monde des affaires, de la spéculation, des calculs; la solidarité désintéressée constitue le monde de la philanthropie, de la charité, de l'étude, de la science, etc. Ce dédoublement est intéressant, mais, comme résultat final, négligeable. En fait, la conception utilitaire tend elle-même vers la liberté, non pas généreusement dans le sens de la liberté pour tous, égoïstement au contraire, dans le sens de la liberté pour soi. Malgré tout, c'est un acheminement. Dès notre seconde leçon nous avons remarqué que le potentiel social apparaît aux hommes sous la forme d'un « pouvoir » individuel qu'ils s'approprient, dont ils profitent ou dont ils souffrent. Or, ce pouvoir dont l'acquisition est le but de tous leurs calculs, ce pouvoir politique ou cette richesse, ils ont immédiatement la conception que c'est pour eux une liberté. Ils en font volontiers pour les autres une contrainte, mais pour eux ils se le représentent sous la forme liberté. C'est le commencement de l'engrenage. Par ce concept de liberté, l'homme s'engage dans le système des représentations subjectives, car nous l'avons vu dans notre troisième leçon, le sentiment de la liberté fait le

fond du sujet humain. Or, dans le système des idées
subjectives l'homme trouve l'idée d'égalité ; cela tient sans
doute à ce que dans sa raison le principe d'identité est
plus fondamental que le principe de contradiction. L'égalité le pousse logiquement et malgré ses calculs d'intérêt
à la liberté pour tous, par conséquent à la conception
représentative libre. Ajoutez que la solidarité s'établit
plus facilement dans le sens de la liberté, parce qu'il est
plus aisé d'arriver à l'unanimité dans les voies du désin-
téressement que dans celles de l'intérêt.

d) Observons, en dernier lieu, que la solidarité représentative fondée sur l'unanimité ne se confond point avec le
contrat social de Rousseau ni avec la solidarité contractuelle de M. Fouillée, ni avec le quasi-contrat de M. Bour-
geois. L'unanimité représentative telle que je la conçois,
se réalise indifféremment dans la situation d'état et dans
le contrat. Or, en soi, le contrat est distinct de la situation d'état, c'est une erreur de Rousseau et de son école
d'avoir cru que l'un pouvait être pratiquement ramené à
l'autre. L'unanimité contractuelle est une unanimité fermée
qui tend à constituer un équilibre immobile ; l'unanimité
qui est à la base de la situation d'état est une unanimité
ouverte, susceptible de recruter au cours du temps de
nouvelles adhésions, elle constitue un équilibre mobile.
Ce sont deux formes du statique, mais l'une des formes ne
se ramène à l'autre qu'à l'infini. La solidarité représentative a l'avantage d'exprimer ce qu'il y a de commun aux
deux.

B. Y a-t-il dans l'univers physique des liaisons représentatives qui correspondent à la solidarité sociale représentative? Je serais porté à le croire. Ce seraient les liaisons que Hertz appelle « invisibles » et dont il a besoin pour

édifier sa mécanique fondée sur des mouvements premiers. C'est-à-dire que les énergies que nous avons qualifiées de « représentatives », lumière-chaleur, électricité, etc... (V. 3ᵉ leçon) établiraient entre les atomes une véritable liaison. L'espace serait plein par suite de l'action des énergies représentatives. En quel sens et comment? Vous savez que dans l'hypothèse atomique il est également difficile de concevoir l'espace plein et de le concevoir vide. En tant que les atomes seraient les sujets de vibrations représentatives et en tant que, par unanimité de vibrations, ils représenteraient les mêmes formes, les mêmes *espèces* dirait la philosophie scolastique, on peut considérer qu'ils se pénétreraient et communieraient en les espèces représentées. Or, la pénétration des atomes c'est l'espace plein. A la vérité cette pénétration n'étant que représentative, l'espace ne serait plein que représentativement, c'est-à-dire qu'il serait plein, non pas de matière, mais seulement de formes. Je n'insiste pas, je n'ai pas l'intention d'arriver à une démonstration, il me suffit que vous sachiez que nous ne faisons pas une hypothèse gratuite, mais que nous abondons dans une direction où d'autres ont cherché avant nous, où des travaux universellement admirés comme ceux de Hertz ont été faits, et où finalement se cache un problème fondamental, non seulement de mécanique rationnelle, mais de philosophie, celui de l'espace plein ou vide, celui de la pénétration des atomes ou des monades.

III. Ce que vous devez bien comprendre maintenant, c'est que les deux premières formes de la solidarité sociale, l'organique et la représentative, sont complémentaires et en réaction perpétuelle l'une sur l'autre.

A. Elles sont complémentaires, nécessaires toutes les deux; et, par exemple, une nation ne saurait être constituée uniquement, comme on le prétend trop souvent, par une unanimité intellectuelle; il y faut aussi l'élément plus matériel d'un organisme avec tous les corollaires qu'il entraîne. Si une société n'est pas, comme le dit M. Fouillée un organisme-contractuel, elle est tout au moins un organisme-représentatif. L'union des deux éléments est assez bien figurée par celle de l'individualité et de la personnalité. J'estime que la solidarité organique constitue l'être individuel des sociétés et des institutions sociales; quant à la solidarité représentative, elle constitue, sinon l'âme collective, je n'y crois point, du moins le fondement réel de la personnalité morale [1].

Puisque j'ai été amené à parler du fondement de la personnalité morale, laissez-moi vous en dire quelques mots. C'est un des grands problèmes du Droit public que de savoir si cette personnalité est réelle, ou bien si elle est une création artificielle de la loi. On ne croit plus beaucoup aux créations artificielles de la loi, et, un peu partout, en constatant la germination invincible des personnes morales, on a été amené à y voir un phénomène naturel. Mais, quand il s'est agi d'expliquer la genèse spontanée de la personnalité morale, j'ai le regret de constater qu'on s'est adressé uniquement à la théorie organiciste. Cette théorie a été mise à la mode en Allemagne par l'école de Gierke. C'est par l'unité de la corporation considérée comme organisme que l'on a expliqué l'unité de volonté juridique de la personne morale. Si l'agent d'une corpo-

---

(1) Sur la distinction de l'individualité et de la personnalité, V. la p. 47, et *infrà*, l'appendice sur les personnes morales.

ration a qualité pour exercer un droit au nom de celle-ci, c'est de la même façon, a-t-on dit, que la main agit pour le corps; il est un organe de l'organisme, par conséquent le droit qu'il réalise est celui de l'organisme entier. Eh bien! si je trouve cette théorie excellente pour expliquer la formation de l'individualité des corporations, je la trouve insuffisante pour justifier la supposition d'une personnalité morale dans cette individualité. Je vois bien que l'agent de la corporation peut réaliser un acte extérieur à la façon d'un organe, comme la main opère un geste; mais je ne vois pas comment il se fait que cet acte est l'exercice d'un droit corporatif. Un droit est une représentation mentale. L'agent ne participe à l'exercice d'un droit que s'il participe à une représentation mentale, alors il n'est plus comme la main, car la main a peut être l'instinct, mais elle n'a pas la représentation de son geste. Ce n'est pas sur l'unité organique qu'il faut appuyer l'unité de la volonté juridique corporative. En réalité, c'est sur l'unité représentative; il faut qu'à l'intérieur de la corporation, et autour d'elle dans le milieu social, il se produise une unanimité de représentations mentales d'où jaillisse la conception des droits corporatifs. Ces représentations mentales ne peuvent qu'être l'œuvre de la solidarité représentative. Les membres de la corporation se font une idée de l'association, de son but, de ses intérêts, des droits qu'il lui faut, des actes nécessaires pour exercer ces droits. Sur tous ces points, l'unité représentative s'établit, non point en vertu de l'unité de l'organisme, mais *par unanimité* [1]; il résulte de là une volonté juridique commune qui est exécutée par représen-

---

(1) L'unité organique exerce seulement une pression, elle nécessite d'une certaine manière l'unanimité ou la majorité. V. *infrà*.

tants, grâce encore à l'unanimité. Les agents de la corporation sont alors des *représentants* et non plus seulement
des organes, mais la représentation n'est pas une fiction,
elle puise une réalité dans l'unanimité. Les droits réalisés
sont ceux voulus par l'unanimité des volontés fondues en
une représentation mentale unique. Dès lors je conçois
qu'ils puissent être attribués à une personne morale
unique.

Sans doute les corporations, d'après cette théorie représentative, ne mériteront la personnalité morale que lorsqu'elles seront composées d'hommes capables de concevoir
la représentation mentale de l'œuvre à accomplir et d'arriver dans ces représentations à l'unanimité, lorsque de
son côté le milieu sera apte à accepter l'énergie de cette
unanimité représentative; il y aura à de certaines époques
des groupements d'une existence purement individuelle et
extérieure, qui n'auront point de personnalité ou qui em-
prunteront celle d'un chef. Mais cela n'est-il pas en harmonie
avec l'ensemble des choses? Est-ce que les organismes vivants ne s'élèvent pas par degrés, de la vie purement extérieure, à la vie consciente et réfléchie? N'avons-nous pas
remarqué déjà que l'apparition des animaux à sang chaud
s'accompagne d'un développement considérable de vie
représentative? De même qu'il y a des animaux à sang
froid et d'autres à sang chaud et que ces derniers ont
plus de représentations mentales, pourquoi n'y aurait-il
pas des corporations douées seulement d'individualité,
et des corporations douées de personnalité, lorsque les représentations mentales y sont suffisamment développées [1]?

---

[1] Ces idées seront reprises et développées dans l'appendice sur
les personnes morales.

B. Ainsi l'élément organiciste et l'élément représentatif sont unis, l'un figure plutôt l'individualité et
l'autre plutôt la personnalité morale. Ce n'est pas tout,
ils se pénètrent l'un l'autre et sont perpétuellement en
réaction. Je pourrais poursuivre ma démonstration avec
l'exemple des corporations, vous montrer que lorsque
l'unanimité de volonté ne peut être réalisée dans la déli-
bération des assemblées, on vote à la majorité et que là
apparaît la contrainte de l'organisme. Mais vous trouve-
riez que nous nous enfermons dans un thème un peu étroit,
je préfère, en modifiant très peu l'exemple, élargir le sujet.
Prenons le régime politique représentatif. Les régimes politiques peuvent être à base organiciste, c'est-à-dire à
base d'autorité avec la réaction de quelques libertés représentatives ; ils peuvent aussi être à base représentative, mais alors ils comportent toujours quelque réaction
de l'organisme.

Soit l'opération même de l'élection qui est la pierre
angulaire du système ; en soi elle est une manifestation de
la solidarité représentative ; c'est parce que les électeurs
ont des opinions communes, qu'ils ont choisi un représentant en communion d'idées avec eux ; si l'élection était
faite à l'unanimité, elle serait uniquement représentative ;
mais elle est faite *à la majorité*, la contrainte apparaît et
dans l'intérêt de la collectivité ; c'est une apparition de
l'organicisme, il faut, dans l'intérêt de l'organisme, qu'un
représentant quelconque soit choisi, et sous la pression de
cette nécessité organique on descend, pour aboutir, à des
majorités relatives infimes. Mais ne croyez pas que parce
que la contrainte de l'organisme a fait une apparition, elle
soit la seule cause opérante de l'unité de volonté, vous
retomberiez dans l'erreur organiciste. D'abord, de quoi

est faite la majorité elle-même, si ce n'est d'une unanimité partielle? La lutte des partis est celle de deux ou
trois unanimités. Ensuite, les questions politiques qui
divisent et ne peuvent être résolues qu'à la majorité sont
très peu nombreuses malgré l'apparence, le pays est
unanime sur la plupart des points, ne savons-nous pas
que les régimes d'élection ne sont possibles que dans
les pays où l'opinion publique est constituée, c'est-à-
dire où il existe une large base d'unanimité. Enfin, après
coup, la mesure votée à la simple majorité finit, le plus
souvent par être acceptée unanimement, une fois apaisées
les passions de la lutte. Les lois sont votées ainsi à la
majorité, mais dans l'espoir de l'unanimité future et pour
ainsi dire *sub conditione*. Si, en fait, cette unanimité n'est
pas obtenue, la loi n'est pas maintenue [1]. Le fait de la
majorité n'est donc qu'un accident, l'unanimité reste le
fondement.

Examinons maintenant la situation de l'élu, elle nous
apparaît singulièrement ambiguë. D'une part, le représentant a été chargé d'un certain mandat, non pas par la collectivité, mais par des électeurs *agissant en nom collectif;*
d'autre part, il est appelé à remplir une fonction au nom
de la collectivité, c'est-à-dire de l'organisme social. Or,
cet élément représentatif et cet élément organiciste vont
se trouver souvent en conflit. Il est possible que l'intérêt
supérieur de la fonction s'oppose à l'accomplissement du
mandat, s'érige en une limite. L'élu devra peut-être obéir
principalement à son mandat, mais il devra aussi fréquem-

---

(1) Il ne faut point oublier que nous sommes sous le régime d'État,
non point sous le régime du contrat; l'unanimité n'a pas besoin d'être
requise à un moment précis, elle est acquise de façon confuse et successive.

ment sacrifier son mandat à sa fonction. C'est parce qu'il méconnait les nécessités de l'organicisme que le principe du mandat impératif ne saurait être rigoureusement appliqué, pas plus que celui du referendum intégral.

Il me semble que ces réflexions éclairent d'un certain jour la question de la souveraineté. Il y a deux formes de la souveraineté, l'organique et la représentative. La souveraineté organique réside dans la nation prise collectivement, c'est-à-dire comme organisme; la souveraineté « représentative » réside dans les individus, ou plutôt dans les personnes, car elle s'appuie sur la solidarité représentative et celle-ci est, dans son fond, personnelle, puisque les hommes en tant que semblables les uns aux autres, sont pris comme des unités. C'est la forme « représentative » de la souveraineté qui est législativement établie dans les démocraties modernes; on estime que la forme « organique » se fait assez jour d'elle-même à travers les mailles de la légalité. Cette souveraineté, « représentative » en tant qu'elle repose sur des représentations idéales des hommes, s'agence en un régime politique « représentatif » lui aussi, en ce sens que les hommes agissent par représentants. C'est le régime électoral. Il y a donc bien une souveraineté individuelle, bien que ce ne soit point toute la souveraineté; il y a donc bien un droit de suffrage individuel, bien que ce droit n'épuise point le pouvoir politique.

La distinction des deux formes de la souveraineté entraîne des corollaires importants : 1° Le corps électoral, que l'on a l'habitude d'appeler le « souverain », n'est jamais que *l'ensemble des individus souverains agissant en nom collectif;* il n'est pas lui-même une collectivité au sens organique, il n'y a pas d'autre collectivité souveraine que la nation; 2° dès lors, le corps électoral, s'il n'agissait réellement qu'au nom du droit de suffrage et de la souveraineté individuelle, ne disposerait d'aucune contrainte; dans son fond la souveraineté individuelle n'est pas une contrainte, mais une liberté; son principal emploi est de servir d'obstacle au despotisme organique; et si, en fait, dans le régime électoral lui-même, il se glisse de la contrainte, comme dans le vote à la majorité, elle provient de l'organicisme.

Nous sommes ainsi mis sur la trace d'une des erreurs capitales de Rousseau. Il a fait du « souverain » un « être collectif » (1) et par là il lui a donné la contrainte qui toujours accompagne le concept de collectivité; c'est ainsi qu'il a été le père du jacobinisme. Non, le souverain électoral n'est pas un être collectif, il est un ensemble d'individus agissant « en nom collectif » et n'a d'existence qu'en tant qu'ils aboutissent à l'unité de vouloir. Toute la contrainte collective doit être reléguée dans ce que Rousseau appelait lui-même le gouvernement ou la magistrature qui incarne l'organisme collectif; si nos Parlements actuels ont de la contrainte, ce n'est pas en tant qu'ils émanent du souverain électoral, mais en tant qu'ils sont devenus organes constitutionnels du gouvernement. Si la loi a de la contrainte, ce n'est pas en tant que faite par le souverain électoral, c'est en tant que promulguée par le gouvernement au nom de l'organisme social. Il faut donc conserver soigneusement les traditionnelles oppositions du citoyen et du gouvernement, de la liberté et de l'autorité, qui se traduisent par l'antagonisme du parlement et d'un pouvoir exécutif suffisamment fort (2).

(1) *Contrat social,* livre I, chap. vii; livre II, chap. i.
(2) Les conceptions erronées de Rousseau, ont été cruellement

IV. Il ne nous suffit pas d'avoir constaté que la solidarité organique et la représentative sont deux formes inséparables et en perpétuelle réaction l'une sur l'autre, il nous faut trouver un point de vue d'où elles se concilient en une unité vivante. Sans cela nous n'aurons point atteint notre but qui est la conciliation du mécanisme et de la liberté.

A la vérité, les leçons antérieures nous fournissent une conciliation historique. Le principe de Mayer, qui en thermodynamique s'appelle l'équivalence de la chaleur, et que, dans son application au mouvement social, nous avons appelé l'*équivalence du représentatif*, nous enseigne que la solidarité organique précède la solidarité représentative, mais que peu à peu celle-ci se développe et pénètre l'organisme. Les rapports sociaux commencent par s'organiser de façon brutale, par l'activité extérieure ou par la force; peu à peu ils se doublent de représentations mentales. Les organisations se créent et les fonctions, puis elles se font leur théorie et leur déontologie. En un mot, à l'organisation brute, succède l'*institution* qui n'est autre que l'organisation pénétrée et entourée des représentations mentales corrélatives. J'ai appelé ailleurs ce phénomène historique, phénomène de l'*institution* [1] et je crois qu'il gagnera à être rattaché, ici, tant au principe de Mayer qu'à la distinction de la solidarité organique et de la solidarité représenta-

démenties par les faits. D'une part, le jacobinisme a échoué. D'autre part, le souverain qui ne devait pas déléguer sa volonté, sous le prétexte qu'elle était une volonté collective, n'a pas cessé d'en déléguer l'exercice, puisqu'en fait le régime a toujours été représentatif. Enfin le gouvernement ne devait être qu'un corps intermédiaire entre les sujets et le souverain (livre III, chap. 1); or, il n'a cessé d'être l'antagoniste du souverain.

(1) *La science sociale traditionnelle*, p. 187.

tive. Je l'ai résumé en cet aphorisme : « c'est le corps qui va devant » l'esprit ou l'âme n'apparaît qu'en second lieu [1]. Remarquez que je ne prétends pas que l'organisation sociale, même brute, se crée sans pensée; j'admets, avant le commencement d'organisation, tous les plans, tous les programmes, toutes les inventions, toutes les idées géniales qu'on voudra. Je suppose Auguste enfantant dans son cerveau la Rome impériale ou Napoléon la France contemporaine. Ce que je prétends, c'est qu'à partir du moment où le plan passe à l'exécution, il y a : 1° une période d'organisation brute; 2° une période d'institution. Cela revient à dire, si l'on veut, qu'après la création il y a la « confirmation » qui est surtout l'œuvre de la solidarité représentative. Et ce sont deux formes successives d'adaptation. La création ou invention a pu adapter une organisation à un besoin, mais l'institution ou confirmation adapte seule l'organisation créée à l'ensemble des idées sociales [2].

Après cela, je n'ai pas la prétention de remonter au commencement absolu : l'idée précède-t-elle le fait ou est-ce l'inverse? La représentation du mouvement précède-t-elle le mouvement? la solidarité représentative précède-t-elle la solidarité organique? Je ne sais, les questions

----

(1) *Eod.*

(2) Je crois compléter ainsi ce que M. Tarde a dit de très juste sur l'invention comme forme d'adaptation, dans ses *lois sociales* (Paris, 1898). En matière sociale, il n'y a pas seulement l'adaptation aux besoins, c'est-à-dire l'adaptation organique, il y a aussi l'adaptation aux idées que je qualifierai d'adaptation « représentative ». Cela revient à dire que l'imitation est elle aussi un procédé d'adaptation. Ce n'est pas l'auteur de la *logique sociale* qui peut nier que la masse des idées communes « fonds catégorique des sociétés » soit un élément essentiel et que les inventions aient à s'adapter à cette masse d'idées.

d'origine ne sont pas du domaine de la science. Bornons-nous à constater, une fois les organisations sociales créées, la succession historique qui finalement fait pénétrer la solidarité organique par la solidarité représentative.

Ce processus historique est intéressant. Pourtant il ne nous fournit pas la solution entière, car, pendant qu'il se déroule, les deux formes de solidarité sont unies, c'est-à-dire le mécanisme et la liberté, et nous voudrions savoir comment; à la fin du processus la solidarité représentative aura pénétré l'organique, nous voudrions encore savoir comment. En d'autres termes, il nous faut non seulement une conciliation historique, mais une conciliation actuelle. La solution, je vous la donne d'avance, elle est dans une troisième forme de solidarité, celle de la conduite. La solidarité de la conduite procède à la fois de la solidarité organique et de la représentative, elle constitue le trait d'union actuel entre les deux et c'est elle qui assure la pénétration finale. Mais il convient que les développements que je vous fournirai sur la solidarité de la conduite soient, comme le reste, appuyés sur des analogies thermodynamiques. Aussi, dans la prochaine leçon, vous entretiendrai-je du célèbre principe de Clausius, l'augmentation de l'entropie, d'où il résulte que l'univers, comme les sociétés, est soumis à une conduite dont le développement est progressif.

SIXIÈME LEÇON

La solidarité de la conduite.

Sommaire. I. La conduite du mouvement social et la solidarité de la conduite. — A. Faits par lesquels se révèle la solidarité de la conduite, la morale, le droit, le gouvernement, l'administration. — B. La conduite consiste à conformer le mouvement à la représentation du mouvement; élément utilitaire et élément libre de la conduite. — C. La conduite est orientée vers la liberté : *a*) La création du statique social est le premier moyen de la conduite pour assurer la liberté; théorie de la situation d'état; analyse de la propriété; rôle de l'organique et du représentatif dans la création du statique; autres exemples. *b*) Le renouvellement du statique est le second moyen de la conduite pour assurer la liberté; les idéals statiques se succèdent dans le sens de la liberté maxima, c'est-à-dire de la liberté dans l'égalité, c'est-à-dire encore dans le sens de la justice. *c*) Toutefois, impossibilité croissante des nouvelles transformations dans les sociétés où la solidarité de la conduite se développe.

II. La conduite du mouvement physique. — A. Il y a aussi dans le monde physique une création de statique. — B. Il y a aussi une ascension graduelle des créations statiques dans le sens de la liberté des éléments. — C. Cela décèle une conduite du mouvement. *a*) La doctrine de l'évolution a essayé d'expliquer la création du statique par le seul mouvement; *b*) insuffisance de ses explications, elle ne tient pas compte du rôle des énergies représentatives; *c*) le principe de la dissipation de l'entropie prouve qu'il y a une conduite du mouvement, c'est-à-dire que les énergies de mouvement sont régies par les énergies représentatives; l'entropie n'est pas

relative à la fin du monde, mais à la création du statique ; elle est
un principe de liberté.

III. Conclusion de ces leçons. Conciliation pratique du mécanisme et
de la liberté dans la conduite ; rappel des analogies scientifiques
constatées. — Cette conciliation fait au Droit et à la morale la place
d'honneur qui leur revient, la sociologie redevient scientifiquement
une science morale ; cette conciliation est préférable à celles proposées par M. Fouillée et par M. Bernès. Elle entraîne un corollaire important sur la nature de la loi et sur celle de l'autorité.

Je vous ai beaucoup annoncé le principe de l'augmentation de l'entropie et les analogies précieuses qu'il
nous fournira. Dans cette dernière leçon nous allons
enfin l'aborder; toutefois, dans la seconde partie seulement. Nous commencerons, en effet, par étudier la conduite du mouvement social et la solidarité de la conduite;
nous verrons ensuite qu'il y a une conduite du mouvement physique et que l'augmentation ou la dissipation de
l'entropie y est relative.

I. Il existe entre les hommes une solidarité de la conduite, d'où résulte une conduite du mouvement social. La
conduite consiste à conformer le mouvement social à la
représentation du mouvement et, par suite, elle combine
de façon actuelle le mécanisme et la liberté. Son résultat
est de dégager progressivement la liberté des hommes,
c'est-à-dire des éléments entraînés dans le mouvement.
Telles sont, dans leur ordre naturel, les propositions que
je vais vous soumettre.

A. Il y a entre les hommes une solidarité de la conduite. Elle se manifeste de plusieurs façons. D'une part,
par le gouvernement et l'administration publique, l'administration domestique, les directions spirituelles ou autres;
d'une façon active les hommes se dirigent les uns les

autres. D'autre part, les hommes légifèrent sur la conduite, ils s'imposent les uns aux autres des règles. Enfin, les hommes se jugent continuellement les uns les autres au sujet de la conduite qu'ils tiennent; il y a les jugements confus de l'opinion et les jugements précis des tribunaux; les hommes s'arrogent même le droit de se punir les uns les autres et d'infliger jusqu'à la peine de mort. La solidarité de la conduite s'affirme donc d'une triple façon, par l'action, par la législation, par le jugement. L'administration avec son personnel immense de fonctionnaires, l'appareil du Droit avec les suppôts de la justice, la morale, les mœurs, les coutumes sont à la fois les instruments et les témoins de cette solidarité. Il en résulte qu'il y a une conduite des affaires publiques et des affaires privées, par conséquent une conduite du mouvement social. Il y en a même plusieurs, ainsi que nous l'allons voir.

B. La conduite consiste essentiellement à conformer le mouvement social à la représentation du mouvement. Se conduire, c'est conformer ses actions à des règles d'action, par conséquent ses mouvements à une représentation de ces mouvements. Ce qui est vrai de la conduite individuelle, l'est de la conduite sociale. L'analyse de l'appareil juridique le démontre d'ailleurs amplement. Le droit commence par dégager une règle, coutumière ou légale, et ensuite les hommes sont contraints par le juge de conformer leurs actes à cette règle. Or, qu'est-ce que la règle juridique? Évidemment un type, c'est-à-dire une pure représentation d'action. Aussi l'ensemble des règles juridiques est-il fourni par la solidarité représentative et reflète-t-il, d'une certaine façon sèche et abstraite, le schema du mouvement social. La police administrative, en tant qu'elle dirige les citoyens, n'agit pas autrement, elle pose une règle dans un règlement, puis elle en assure l'observation. Nous ne recherchons pas ici quels sont, théoriquement, les rapports entre l' « organique » et le « représentatif », il nous suffit de savoir que, pratiquement et pour la conduite, l'organique doit être vu à travers le « représentatif » (V. *infrà* le premier appendice).

Il est clair, dès lors, que la conduite produit une combinaison actuelle du mécanisme et de la liberté, du moins lorsque la règle représentative est orientée vers la liberté. Il n'en est pas nécessairement ainsi dans tous les cas. Nous avons constaté, dans notre troisième leçon, que les énergies représentatives pouvaient être orientées soit vers le mécanisme, soit vers la liberté, suivant qu'elles suivaient la pente de l'objectivisme scientifique ou celle du subjectivisme idéal. Il ne faut pas oublier cette constatation. Il en résulte qu'il y a une conduite mécaniste, dite utilitaire, dans laquelle les hommes et les sociétés se laissent guider par les seuls calculs d'intérêt; et qu'il y a une conduite libérale dans laquelle les hommes et les sociétés se laissent guider par la justice, c'est-à-dire par un idéal de liberté pour tous, de liberté dans l'égalité. Mais il est rare que les deux conduites soient complètement séparées. Le plus souvent elles se combinent. Le droit de punir des sociétés, par exemple, s'explique d'ordinaire à la fois par des considérations d'utilité et par des considérations de justice. Tout droit d'ailleurs, qu'il soit individuel ou social, renferme un intérêt et à ce titre entre dans le mécanisme des calculs d'intérêt, mais en même temps il est passé au conformateur d'un certain idéal de justice, et c'est l'élément de liberté, qui par là lui est incorporé, qui en fait un Droit. Tout intérêt, c'est-à-dire tout élément provenant du mouvement social et de la solidarité purement orga-

nique, subit donc le plus souvent à la fois une conduite
mécaniste et une conduite de liberté et par conséquent, à
l'occasion de l'exercice de cet intérêt, les deux éléments
se combinent. Cela est très important si l'on songe que
tout acte est soumis à une conduite.

C. Dans cette combinaison actuelle du mécanisme et de
la liberté qu'opère continuellement la conduite, c'est la
liberté de l'individu qui tend à se réaliser et à s'affranchir
du mécanisme.

Je pourrais me borner à vous rappeler que le Progrès
humain est généralement conçu comme une marche vers
la liberté et la justice, mais ce serait banal et nous passe-
rions à côté de développements bien intéressants. Je crois,
en effet, que l'on peut rattacher à l'orientation finale de la
conduite vers la liberté des faits très importants, non seulement en matière sociale, mais en matière physique, je
veux parler de la création des organisations statiques et
du renouvellement incessant de ces organisations.

a) La création du statique social est pour la liberté des
hommes, elle est l'œuvre de la conduite.

Le statique social c'est ce qu'on appelle ordinairement
la « situation d'état ». Une situation d'état est une situation
sociale qui se maintient dans un équilibre durable; elle
se caractérise donc par le statique, car le statique n'est
pas uniquement l'immobilité mais tout équilibre qui tend
vers l'immobilité; la situation d'état s'oppose à ce qu'il
y a de changeant, d'éphémère, de purement dynamique
dans les rapports des hommes. Remarquez que la situation
d'état ne se confond point avec l'État puissance publique.
Il y a affinité entre les deux notions, en ce sens que l'État
puissance publique n'est qu'une vaste situation d'état;
c'est le gouvernement d'un pays arrivé à la situation sta-

tique. Il y a aussi attraction entre l'État puissance publique et les autres situations d'état, en ce sens que l'État
puissance publique, une fois constitué, prend sous sa pro-
tection et sous sa garantie, les autres situations d'état,
même celles qui sont purement privées. Mais cette affinité
et cette attraction ne déterminent entre l'État puissance
publique et les situations d'état, que des rencontres historiques, elles n'entraînent point de confusion. Il y a eu des
situations d'état formidables à des époques où l'État
puissance publique était d'une faiblesse confinant à l'infir-
mité, je citerai seulement les institutions féodales. Même
lorsque l'État puissance publique est très fort, il subsiste
des situations d'état partiellement indépendantes, puisqu'on
distingue toujours des relations privées et des relations
publiques, un droit privé et un droit public. Il n'est donc
point question en ce moment de la théorie de l'État puissance publique, bien qu'elle doive, elle aussi, tirer profit
de ces éclaircissements; il s'agit de la théorie de la « situation d'état » bien autrement large et compréhensive.

— Or, je prétends d'abord que la création de la situation
d'état est l'œuvre de la conduite, c'est-à-dire que l'organisation sociale y est rendue stable, grâce à l'application
du « représentatif » à l'organique.

Raisonnons, si vous le voulez, sur le cas de la propriété,
situation d'état fondamentale entre toutes. Certes, dans
l'institution de la propriété, il intervient des combinaisons
organiques d'intérêts ou de pouvoirs, forces ou mouvements qui cherchent d'eux-mêmes à s'équilibrer. Sumner-
Maine a montré dans une étude sur *la propriété de Ma-
noir* que, dans la propriété privée, il y a à équilibrer le
caractère privatif de la propriété avec l'intérêt qu'ont
tous les hommes à posséder. Deux formes d'équilibre ont

été trouvées, la propriété romaine et la propriété féodale.
Avec la forme romaine un même domaine n'est qu'à un
seul propriétaire à la fois, mais il change souvent de
mains; avec la forme féodale, un même domaine est à
plusieurs à la fois, grâce à la superposition des tenures,
mais par là même il ne peut changer de mains qu'avec
une extrême difficulté. Avec la propriété romaine la conciliation des intérêts en présence est donc successive, avec
la propriété féodale elle est simultanée. Ce sont deux
formes organiques et, à leur tour, ces formes comptent
comme forces agissantes dans des ensembles plus vastes ;
la propriété romaine est adaptée à des civilisations où
le commerce et la circulation des choses sont actifs; la
propriété féodale l'est à des civilisations où commerce et
circulation sont très réduits. Il semble donc que la solidarité organique enfante à elle seule deux formes de la
propriété, toutes les deux statiques, dont la forme féodale
paraît même plus statique que l'autre.

Observons, néanmoins, que nous avons employé l'expression propriété sans la définir. Nous parlons de propriété
privée, romaine ou féodale, mais qu'est-ce que la propriété, et en quoi la propriété diffère-t-elle de la possession? C'est ici que le représentatif va intervenir. La possession c'est le fait d'exercer réellement un pouvoir physique sur une chose; la propriété c'est la représentation
de ce fait. Le propriétaire n'est pas celui qui exerce un
pouvoir physique sur sa chose, c'est celui qui est dans
cette situation représentative d'avoir à sa disposition ce
pouvoir. La propriété c'est la représentation de la possession. Si la propriété devient une institution et une situation d'état, c'est que cette représentation est voulue par
les hommes, conformément à un certain type qui varie

suivant les époques. A ce point de vue représentatif, la propriété romaine est plus statique que la féodale, parce qu'elle est plus dégagée du fait.

Pourquoi, maintenant, les hommes combinent-ils avec la possession effective la représentation de la possession? Pourquoi superposent-ils au fait la représentation du fait? C'est que la représentation est plus statique que la réalité, parce qu'elle est typique et dégagée de la contingence des événements; parce que, d'ailleurs, elle s'appuie sur la force statique par excellence, la croyance. Le fait a l'avantage d'être concret, mais il est fugitif; la représentation du fait a le désavantage d'être abstraite, mais elle est durable. Tous les droits, par cela même qu'ils permettent de passer à l'exécution de certains faits, sont représentatifs de ces faits. Les droits de famille sont représentatifs de certains actes d'autorité que souvent l'on n'aura pas l'occasion d'accomplir; ils sont représentatifs, longtemps à l'avance, d'événements qui ne s'accompliront que plus tard, tels les droits de succession. Les droits de créance sont représentatifs d'un paiement dont la réalisation est différée, souvent pendant longtemps, quelquefois indéfiniment, comme dans les emprunts perpétuels. Les hommes ont donc fixé leurs droits dans le « représentatif »; ils ont conformé le jeu des intérêts réels à des représentations d'intérêts; ils ont ainsi établi entre eux des relations plus stables. On peut dire qu'un intérêt devient un droit lorsque les hommes en ont d'une façon suffisamment universelle « la représentation en figure de liberté » et désirent s'attacher à cette représentation. Si nous sommes venus à parler du Droit, ce n'est point que les situations d'état soient exclusivement juridiques, c'est à titre d'exemple.

Je termine sur ce point en vous rappelant le phéno-

mène de l'institution décrit à la fin de la précédente leçon.
Une institution, ce n'est pas seulement une organisation qui
se pénètre peu à peu de représentations mentales, c'est
aussi, et par là même, une organisation qui devient de plus
en plus statique. De même que la solidarité représentative
institue, de même, sous l'action de la conduite, elle détermine le statique. Nous sommes beaucoup trop pressés par
le temps, autrement je vous parlerais de la vertu statique
des diverses croyances représentatives des hommes, notamment des croyances positives, des métaphysiques et
des religieuses, qui, chacune, deviennent fondement de
statique social, c'est-à-dire de société durable [1].

—Ainsi la création du statique social est l'œuvre de la conduite, car elle est une application continuelle du représentatif
à l'organique. Il nous reste à voir qu'elle est pour la liberté.

Cela est évident en ce qui concerne les situations d'état
juridiques; tout droit contient une liberté; la distinction
entre l'ordre de droit et l'ordre de fait, c'est que l'ordre de
droit permet de faire ou de ne pas faire certains actes et
d'avoir cependant le même avantage que si on les faisait;
le propriétaire est maître de la chose sans avoir à accomplir comme le possesseur des actes de maître, il conquiert
donc la liberté d'accomplir ou de ne pas accomplir les
actes de maître (V. p. 47 et s. et p. 109).

Mais ce point de vue juridique est un peu abstrait. Voyez
combien le fonctionnaire dont la situation est garantie par
les règlements contre l'arbitraire de ses chefs, qui ne peut
être ni révoqué ni déplacé sans motifs graves, devient plus
indépendant; on dit qu'il a un *état* et cela lui donne une
liberté. L'homme, quel qu'il soit, ne se sent libre que

---

(1) Comparez la *Science sociale traditionnelle,* p. 197 et s.

lorsqu'il a une situation, une profession stable, qui le
met pour sa vie à l'abri du besoin et de la domination
d'autrui; à moins qu'il n'ait aussi une fortune bien assise.
L'ouvrier qui a une retraite assurée se sent plus libre et
plus dégagé de préoccupations.

Tâchons d'aller jusqu'au fondement philosophique des
choses. Une situation d'état, quelle qu'elle soit, est une
garantie de liberté, parce qu'elle crée une *discontinuité*
dans les nécessités sociales qui, de toutes parts, pèsent sur
l'homme; elles interrompent pour un moment le mouvement qui le presse d'avancer; le mouvement des besoins,
le mouvement de la domination politique, le mouvement
de la concurrence, etc... Cette discontinuité créée dans le
milieu social permet à l'homme lui-même de faire des
actes discontinus, du moins des actes qui ne soient pas
immédiatement nécessités par les circonstances extérieures et, pratiquement, c'est ce qu'on appelle la liberté.

b) La meilleure preuve, d'ailleurs, que tout le statique
social est pour la liberté des hommes, qu'il n'existe point
pour lui-même, c'est que les organisations statiques se
renouvellent et se succèdent. On dirait que les hommes
essaient l'une après l'autre diverses formes d'équilibre et
qu'ils rejettent celles qui ont cessé de plaire. Cela se fait
par évolution ou par révolution. Les nations modernes
ont toutes substitué le régime d'État au régime féodal, ç'a
été une transformation de statique formidable; elles ont
substitué le régime de la fortune mobilière à celui de la
fortune immobilière; le régime du suffrage universel à
celui de l'hérédité monarchique de droit divin; elles
essaient de substituer le statique des croyances scientifiques à celui des croyances religieuses. Elles sont gui-
dées dans ces entreprises plus ou moins heureuses par le

désir de garantir de mieux en mieux la liberté humaine.
Assurément tout n'est pas voulu. Il se produit des transformations organiques qui commandent elles-mêmes la
modification des statiques; mais, en tant que la réalité est
conformée par la conduite à des idéals successifs, il y a
recherche d'un maximum de liberté [1].

Comme cet idéal de liberté maxima est poursuivi soli-
dairement, il se présente, et c'est là une observation capitale, sous la forme d'un idéal de justice, car la justice c'est
la liberté solidaire, la liberté dans l'égalité, la diffusion
de la liberté.

Enfin, dernière observation sur ce point, lorsque les
idéals se succèdent, ou les systèmes sociaux, et qu'il en
résulte un progrès réel pour la liberté humaine, on remarque un caractère bien particulier des équilibres sociaux réalisés; ils consistent en des formes sociales dont
l'existence est de moins en moins liée à ce qu'il y a d'organique dans la destinée des hommes; en des formes qui
peuvent être soutenues par des individus d'origine quelconque, ce qui évidemment donne à ceux-ci la plus
grande liberté. Ainsi les sociétés primitives sont volontiers à castes, il y a des guerriers, des prêtres, des
laboureurs, des artisans; c'est un statique grossier, en ce
sens que les individus sont groupés en des professions
héréditaires dont ils ne peuvent point s'affranchir. Dans
les sociétés plus avancées, il y a une armée, un sacer-
doce, une agriculture, une industrie, mais toutes ces
professions se recrutent librement, et le milieu social est
tel que leur recrutement est malgré tout assuré. C'est un

(1) Dans la *Science sociale traditionnelle*, p. 208 et s., j'ai essayé
de combiner l'évolution organique avec la succession des idéals. Cela
fait l'objet d'un chapitre intitulé « l'évolution dans le progrès ».

statique supérieur puisqu'il assure plus de liberté. Or la condition du statique de la seconde espèce, c'est que le « représentatif social » soit suffisamment développé, c'est que chaque individu ait une conception suffisante des besoins sociaux, de la nécessité du travail, de ses aptitudes personnelles, de sa vocation, etc.

c) A mesure que les statiques sociaux se succèdent dans le sens du maximum de liberté pour les individus, il se produit un fait caractéristique que nous allons retrouver dans l'univers physique sous le nom d'augmentation de l'entropie, c'est l'impossibilité graduelle des nouvelles transformations. Dans les sociétés où la solidarité de la conduite est croissante, la plasticité disparaît, l'équilibre, de plus en plus statique, est de moins en moins souple. La vie sociale se fige en ce sens qu'elle ne peut presque plus évoluer; elle peut encore être renouvelée, mais par des révolutions qui sont comme des morts partielles suivies de résurrection. Cela tient à l'accroissement même de l'appareil de la conduite, notamment à l'accroissement de la légalité. Une société très gouvernée et très conduite finit par être emmaillotée dans une telle réglementation qu'elle n'a plus de latitude de mouvement; en même temps les citoyens perdent l'esprit d'initiative. Elle s'immobilise dans une sorte de torpeur, à moins que le vent subit d'une révolution, ou l'apport d'une invasion ne balayent toute cette réglementation et, en détruisant les « représentations » anciennes, ne réveillent les énergies de mouvement.

Toutes ces conclusions vont être corroborées par l'étude des phénomènes qui décèlent une conduite des mouvements physiques.

II. Dès la première inspection on s'aperçoit qu'il y a dans l'univers physique une création incessante de statique; en observant avec soin, on voit qu'il y a une ascension des créations statiques dans le sens de la liberté des éléments; finalement on acquiert la conviction que le statique ne se crée pas par le mouvement seul, mais par une « conduite du mouvement », c'est-à-dire par la conformité du mouvement à des représentations.

A. Aussi bien dans le monde physique que dans le monde social, on remarque la tendance du dynamique à se transformer en statique. Le statique c'est l'équilibre, mobile ou immobile; par le calcul infinitésimal, on ramène les équilibres mobiles à une succession d'équilibres immobiles; or, les mouvements, d'abord divergents, contradictoires, tendent à s'organiser en des équilibres. Ces organisations d'équilibres, ne sont autres que les objets, les êtres et les existences que nous révèle le monde sensible. Le monde astronomique n'est qu'un système d'équilibres prodigieux; un objet matériel n'est qu'un certain équilibre de molécules; un organisme vivant n'est aussi qu'un équilibre de molécules, très mobile et très instable en ce sens que les molécules se renouvellent rapidement, très stable en ce sens que la forme de l'organisme persiste au travers du torrent circulatoire; une espèce animale ou végétale est un équilibre qui se maintient entre les caractères morphologiques d'une série d'êtres malgré la tendance à la variation; en ce sens, et à titre de phénomène statique, l'espèce a une réalité indéniable distincte de celle des individus, elle n'a pas seulement une réalité conceptualiste mais une réalité phénoménale.

B. Le dynamique pur, ce serait le chaos; la création naturelle telle que nous la connaissons contient du statique. Or cette création est ordonnée; il y a une hiérarchie du statique. Non seulement le monde inorganique a précédé

le monde organique, mais il nous paraît inférieur;
non seulement la faune aquatique a précédé la faune ter-
restre, mais elle nous paraît inférieure; non seulement les
invertébrés ont précédé les vertébrés, mais ils nous paraissent inférieurs. Chaque assise du statique physique, à
mesure que nous montons l'échelle des êtres, nous paraît
marquée d'une qualité nouvelle. Ce sentiment, la doctrine
de l'évolution l'affirme aussi bien que celle des créations successives. Il y a eu ascension graduelle vers quelque chose.

« Complication croissante de structure » prétend la doctrine de l'évolution ; et moi je prétends que c'est « liberté
croissante des éléments impliqués dans la structure, c'est-à-
dire dans le statique ». Si nous comparons les équilibres
organiques aux équilibres inorganiques, nous sommes
frappés de ceci : alors que l'équilibre d'un solide, d'un
bloc de marbre, d'une pierre quelconque, ne se maintient
que grâce à l'immobilité rigide de chacune des molécules ;
l'équilibre d'un organisme vivant se maintient malgré le
renouvellement incessant des molécules, c'est-à-dire qu'il
est compatible avec la liberté des éléments ; c'est là ce
qui nous frappe, c'est donc là qu'est la supériorité, c'est
donc en ce sens qu'est le progrès. Si, des équilibres
moléculaires ou atomiques, nous passons aux équilibres qui intéressent des groupes, la même observation
s'impose. Il y a des familles de cristaux et des espèces
animales. Or, lorsqu'une masse liquide se cristallise, les
cristaux affectent tous rigoureusement la même forme
géométrique, le type s'impose à eux d'une façon rigide, il
est très difficile d'individualiser un cristal. Au contraire,
dans une espèce animale, sans doute dans chaque individu
nous retrouvons le type de l'espèce, mais en même temps
des caractères propres qui sont la manifestation de l'origi-

nalité de l'être, c'est-à-dire de la liberté. Il ne suffit pas
de dire que l'équilibre de l'espèce est plus souple que celui
de la famille de cristaux, il faut avouer qu'il assure plus
de liberté aux individus.

C. Comment se sont créés les équilibres physiques,
comment se créent-ils et se renouvellent-ils sous nos yeux
tous les jours ? Je prétends qu'ils ne sont pas l'œuvre du
mouvement seul, mais d'une « conduite du mouvement »
qui consiste, ici comme en matière sociale, à conformer le
mouvement à sa représentation, c'est-à-dire à régler les
énergies du mouvement par les énergies représentatives.

a) L'explication de la création du statique est la grande
affaire des cosmogonies, puisque les existences statiques
sont à peu près les seules qui nous intéressent et que nous
n'attachons, en général, d'importance aux mouvements dynamiques qu'en tant qu'ils contribuent à faire ou à défaire
des équilibres. Je n'ai pas l'intention de passer en revue
toutes les explications qui ont été données, je veux seulement vous montrer l'insuffisance de la dernière en date,
celle de la doctrine de l'évolution Spencérienne. Le vice
de cette grande théorie, d'ailleurs si séduisante, c'est de
n'être établie que sur les lois du mouvement, et de n'avoir
point tenu compte de la *représentation du mouvement*
dans les phénomènes fluidiques et particulièrement dans
les phénomènes thermiques, ni de la conduite du mouvement ; c'est, en d'autres termes, d'être une théorie purement mécanique et non pas une théorie thermodynamique.
Ce n'est pas que Spencer ait ignoré la transformation du
mouvement en chaleur ; il lui a fait sa place, mais hypno-
tisé par le principe de la conservation de l'énergie, il n'a
vu dans cet ordre de phénomènes qu'une occasion de plus
d'affirmer le monisme, alors qu'il y a surtout l'indication

d'un dualisme ou même d'une trilogie. Il s'est efforcé d'expliquer la création du statique par les seules lois du mouvement et j'estime qu'il a échoué.

Dans l'exposé de sa doctrine en 16 propositions que vous retrouverez dans la préface du résumé d'Howard Collins[1], la proposition 14 est ainsi conçue :

« L'équilibration résulte finalement de ces transforma-
« tions que subit un agrégat en évolution. Les change-
« ments se poursuivent jusqu'à ce que l'équilibre soit
« établi entre les forces auxquelles toutes les parties de
« cet agrégat se trouvent exposées et les forces que ces
« parties leur opposent. »

Si nous cherchons à éclaircir cette proposition un peu sommaire, nous voyons que Spencer fait intervenir, pour expliquer l'équilibration, le principe de l'égalité de l'action et de la réaction, le fait de la division du travail et le principe de la persistance de l'énergie. En effet [2], si les transformations de l'agrégat proviennent de forces inci-dentes, c'est-à-dire de forces extérieures, en vertu du principe de l'égalité de l'action et de la réaction, l'action provoquée aboutit à un état d'équilibre ; — Si les trans-formations proviennent de forces intérieures au système ; ou bien c'est de la division du travail, les diverses branches d'activité restent liées les unes aux autres et encore équi-librées par l'égalité de l'action et de la réaction ; ou bien c'est de la transformation d'énergie pure, et le principe de la conservation de l'énergie nous avertit que dans ces transformations il y a un élément constant, par suite en-core un élément d'équilibre durable.

---

(1) Howard Collins, *Résumé de la philosophie d'H. Spencer*, trad. de Varigny, 1891, préface, p. VIII.

(2) Howard Collins, *op. cit.*, p. 54 et s.

Remarquez que dans ces explications les éléments de l'agrégat ne jouent aucun rôle, il n'y a de leur part aucune activité, aucune tendance spontanée à l'équilibre, c'est l'agrégat qui s'équilibre lui-même. C'est le propre de la doctrine de l'évolution d'expliquer les résultats statiques soit par l'influence du milieu, soit par l'agrégat collectif. Dans cette doctrine les éléments n'ont que des tendances anarchiques de lutte pour la vie, toutes les conditions de l'ordre sont dans la collectivité (1).

b) Ces explications contiennent une partie de la vérité; déjà, en effet, dans le dynamique pur il y a des conditions du statique. Elles sont dans le principe de l'égalité de l'action et de la réaction, auquel toute l'argumentation précédente doit être ramenée, car c'est lui qui agit en cas de division du travail, et quant à la conservation de l'énergie, elle n'est pas uniquement loi du mouvement, la chaleur, c'est-à-dire le représentatif, y intervient. En un mot les organisations statiques se constituent en partie mécaniquement et organiquement; mais ce n'est pas là toute la vérité, elles se constituent aussi librement et d'une façon représentative. En voici les preuves :

1° L'hypothèse de l'évolution n'explique pas le caractère typique et harmonieux des formes statiques; le type, l'harmonie et la beauté ne se peuvent expliquer que par le « représentatif » et par la liberté.

C'est un fait que certaines formes statiques sont harmonieuses, que par là elles se ramènent à des nombres et suscitent en nous le sentiment de la beauté. Pourquoi toutes les formes statiques ne sont-elles pas harmonieuses

---

(1) Cela va même plus loin, le seul individu est l'agrégat — l'évolution ou intégration qui constitue l'agrégat équilibré est un procédé d'individuation.

et ne donnent-elles pas l'impression de la beauté? En tant
que produites par le jeu des lois du mouvement elles
sont toutes de valeur égale. Leur valeur inégale d'harmonie et de beauté, provient sans doute d'un élément représentatif qui les enrichit ou qui leur manque.

C'est un fait que certaines formes statiques sont typiques, qu'elles peuvent se ramener à des formes géométriques abstraites ou du moins tendent vers ces formes, vers
la sphère, vers le cercle, vers l'ellipse, vers les losanges,
vers les rhombes, etc., le type existe si bien qu'il se re-
produit indéfiniment en des individualités nouvelles. Or
toutes les organisations statiques ne sont pas typiques au
même degré et pourquoi ne le sont-elles pas? En tant que
produites par le jeu des lois du mouvement elles ont valeur
égale; leur valeur inégale de type ne saurait provenir que
d'un élément représentatif qu'elles possèdent plus ou
moins.

D'ailleurs, les oscillations du mouvement, les actions et
réactions, les transformations de l'énergie, sont inaptes à
expliquer le type; elles justifieraient des formes irrégu-
lières et toujours nouvelles; elles ne justifient ni la régu-
larité des formes, ni leur répétition; en d'autres termes
l'évolution mécaniste cadre bien avec la force de variation
qu'il y a sûrement dans l'univers; elle ne cadre pas avec
la force de similitude et de type qu'il y a aussi.

2° La doctrine de l'évolution n'explique pas non plus
de façon satisfaisante la reproduction, par des individualités
élémentaires, d'agrégats équilibrés. On y raisonne toujours
dans l'hypothèse d'agrégats préexistants qui s'équilibrent
d'eux-mêmes. Or, dans la nature, nous assistons à la formation d'agrégats déterminée par la rencontre d'individualités élémentaires et nous savons d'avance que l'agrégat

reproduira un certain type d'équilibre; par conséquent
l'agrégat n'aura pas réalisé cet équilibre lui-même, il lui
aura été imposé par quelque chose qui se trouvait dans le
germe.

Ce quelque chose qui se trouve dans le germe, ce quelque chose qui réalise des formes typiques et harmonieuses
et qui en amène la répétition indéfinie n'est pas contenu
dans le mouvement, mais bien dans la « représentation du
mouvement » (Cfr. p. 71).

Si des germes reproduisent le type des ancêtres, c'est
qu'il y avait en eux, non pas seulement une virtualité de
mouvement, mais une virtualité de représentation du
mouvement. Si des molécules ou des cellules s'agrègent
suivant certaines formes géométriques, c'est que, parmi
elles, il en est une au moins qui possède la représentation
intérieure de ces formes et qui communique cette représentation aux autres. Si les astres décrivent des ellipses ou
des paraboles, c'est que les molécules de l'éther qui, au
fond, participent à ce mouvement, ont la représentation
de ces courbes, qu'elles en possèdent le type. De même
que dans une espèce animale le type de l'espèce, qui est
sa seule réalité, se répète en chacun des individus en vertu
de la mémoire représentative des germes et des cellules
issues de ces germes, de même dans le troupeau des
astres, l'orbite qui est le type de l'espèce, se répète en
chacun des individus, grâce à la mémoire représentative
des fluides.

Il y a partout dans l'univers, bien qu'à des degrés iné-
gaux, quelque chose qui contribue à l'équilibre par le type
et la représentation du type. Je ne dis pas que partout ce
quelque chose soit conscient. Je ne dis pas que les types
des choses soient éternels et soient les seules réalités, bien

que cet idéalisme platonicien ne soit pas pour me déplaire, je n'interprète pas le fait au point de vue de l'absolu, je le constate comme phénomène.

3° Si l'on fait abstraction du « représentatif » on constate que les lois du mouvement expliquent en partie la formation du statique, mais qu'elles n'expliquent point la « tendance au statique » qu'il semble y avoir dans l'univers. En d'autres termes, on ne peut y supposer aucune finalité, or, philosophiquement la véritable cause antécédente doit pouvoir être interprétée en cause finale. La loi du mouvement qui intervient dans la création du statique est le principe de l'égalité de l'action et de la réaction, or, c'est une forme du principe de l'inertie, ce n'est donc pas en soi une tendance. Nous verrons au contraire dans les lois de la diffusion de la chaleur une tendance au statique véritablement active.

c) La contribution que les énergies représentatives apportent à la création du statique est le résultat d'une conduite orientée vers la liberté; elle n'est point elle-même une forme du mécanisme. Cette dernière et suprême démonstration résulte du principe de la dissipation de l'entropie, qui nous apparaît ainsi comme le principe de conduite de l'Univers.

La dissipation de l'entropie constitue la seconde partie d'un théorème, dû à la fois à Carnot et à Clausius, et qui se compose des deux propositions suivantes : « 1° On ne peut « pas (sans dépenser du travail) faire passer de la chaleur « d'un corps froid sur un corps chaud; 2° dans les transfor- « mations d'un système fermé, il est une grandeur qui « augmente constamment et lorsqu'elle est la plus grande « possible les transformations du système s'arrêtent. —Cette « grandeur est une intégrale que l'on appelle Entropie ».

Ces deux propositions sont liées ; elles signifient en langage plus intelligible : 1° Que le rayonnement de la chaleur se produit des corps les plus chauds aux corps les plus froids, d'où tendance à l'égalité de température; 2° que de cette tendance à l'égalité de température naît, pour les systèmes en transformation, une limitation croissante des possibilités de transformation.

Des vulgarisateurs scientifiques et même des savants, interprétant le théorème de Clausius combiné avec celui de Mayer sur l'équivalence de la chaleur, en ont déduit la fin du monde par absorption de toutes les énergies de mouvement en chaleur et répartition égale de cette chaleur sur tous les corps; d'où arrêt total du mouvement. C'est une vue que je crois erronée. Ils n'ont pas fait attention que si la chaleur est la forme la plus basse des énergies de mouvement, elle est en revanche une énergie représentative; que la conversion graduelle du mouvement en chaleur dans un système fermé signifie augmentation des énergies représentatives du système; que la répartition égale de la chaleur signifie répartition égale des énergies représentatives; et que, dès lors, le résultat du principe de Clausius combiné avec celui de Mayer, bien loin de signifier fin du monde, ou fin du système, signifie « création du statique ». Les énergies représentatives prennent en effet un empire sur les énergies de mouvement, mais comme elles s'emploient à organiser et à créer du statique, bien avant que celles-ci ne soient complètement absorbées, le mouvement ne disparaît pas, il se transforme en des équilibres mobiles qui durent indéfiniment et font durer le système. Remarquez, au reste, la formule du principe de l'entropie; ce qui se produit au fur et à mesure de la dissipation de la chaleur, c'est la limitation des possibilités de *transformation* des systèmes, ce n'est pas précisément la limitation du mouvement. C'est-à-dire que le mouvement est obligé de respecter de plus en plus la forme donnée à l'équilibre du système par le dégagement de « représentatif », mais que par cette forme même il est conservé [1].

Si je pouvais m'étendre autant que je le désirerais sur les phénomènes physiques, je vous montrerais que la fin du monde par le refroidissement égal est une chimère ; toutes les fins d'existence que nous connaissons se produisent par le phénomène de la mort. Or, la mort est un accident qui vient rompre brusquement un équilibre statique (cfr. p. 66). La vieillesse est en soi une exagération statique, une tendance qu'ont les équilibres à devenir de moins en moins mobiles. Mais ces équilibres, et c'est là le point capital, ne se rompent que par l'intervention d'une cause étrangère, par conséquent accidentelle. Les hommes meurent par accident, les vieilles sociétés meurent par accident, les vieilles planètes éclatent par accident. Ces accidents sont successifs et rien ne prouve qu'il doive se produire un jour, de façon naturelle, une fin du monde telle qu'on l'entend. Ce que l'on peut prévoir, c'est une organisation de plus en plus statique du monde.

Ainsi, le principe de l'entropie est bien relatif à la création du statique. Or, il résulte de ce principe combiné avec celui de Mayer : 1° que la création du statique est le

---

(1) Voici une observation qui prouve que la chaleur dégagée dans les transformations d'un système est régissante. On peut maintenir un système à une certaine température de deux façons ; ou bien en empêchant la déperdition de sa chaleur propre, ou bien en lui fournissant du dehors de la chaleur ; or, dans le premier cas, le système est plus stable que dans le second. — V. Duhem, *Traité élémentaire de mécanique chimique*, Paris, 1897, p. 174.

but de tout mouvement, puisque les énergies de mouvement finissent toujours par se convertir en des énergies représentatives qui les régissent et les poussent au statique ; 2° que les énergies représentatives, dans leur création du statique, suivent une certaine conduite, parce qu'elles tendent vers la liberté.

Revenons pour éclaircir ces deux points à la première proposition de Clausius : « On ne fait pas passer de chaleur d'un corps froid sur un corps chaud ».

Voilà certes un principe de direction, car il implique un ordre *irréversible*. C'est une direction vers l'égalité, une marche de l'inégalité à l'égalité, puisque c'est la marche vers l'égalité de température. Il y a là tendance, finalité, orientée vers le statique, car les équilibres impliquent forcément des égalités. La tendance du dynamique au statique que les lois du mouvement ne nous avaient pas donnée (V. plus haut, p. 122), le principe de Clausius nous la fournit. Nous entrevoyons que la création du statique n'est pas seulement l'œuvre de causes antécédentes, qu'elle est aussi l'œuvre d'une finalité.

Cette tendance au statique suppose en outre un élément de liberté. Il y a analogie évidente entre la diffusion de l'entropie en matière physique et la diffusion de la justice en matière sociale, qui est la diffusion de l'égalité dans la liberté. De même que la diffusion de la justice en matière sociale se caractérise par une augmentation de la légalité et par une difficulté croissante d'évoluer provenant de cette augmentation de la loi ; de même, et c'est là un point de vue saisissant, la difficulté croissante de transformation du système, qui constitue à proprement parler l'entropie, est due à une augmentation croissante des lois du système. En effet la chaleur dégagée étant essentiellement une

énergie représentative, c'est-à-dire régissante, à mesure
qu'elle se distribue dans le système, elle distribue ou augmente la loi. Cela est incompatible avec le mécanisme
pur. Si la création de statique se produisait en vertu
d'un mécanisme pur, elle n'entraînerait pas une augmentation des lois de l'univers ; dès le début, les phénomènes
auraient été soumis dans leur enchaînement à une formule que n'auraient point modifiée les diverses formes
d'existence. Or cela n'est pas, chaque forme nouvelle
d'existence, c'est-à-dire chaque réalisation de statique,
apporte des formules nouvelles et une augmentation des
lois de l'univers ; il y a des lois spéciales à la gravitation
des astres, des lois spéciales à la vie organique, des lois
spéciales à la vie en société. C'est donc que dans chaque
création de statique il y a quelque chose de nouveau,
une qualité qui apparaît et qui s'incarne avec une certaine
liberté. L'augmentation de la loi ne se conçoit que si les
lois qui augmentent sont dues à la liberté [1].

D'ailleurs, dans sa distribution en ordre irréversible, la
chaleur se répartit librement ; la seule limite qu'elle rencontre c'est l'égalité de température entre tous les éléments du système, mais cette limite vers laquelle elle tend,
c'est elle-même qui la crée.

Pour toutes ces raisons sans doute, et aussi pour des
considérations mathématiques M. H. Poincaré est arrivé
à la même conclusion que nous, il voit dans la dissipation
de l'entropie un principe de liberté [2].

Du moment que l'entropie est un principe de direction
qui suppose application du représentatif au mouvement

(1) Cfr. Boutroux, *De l'idée de loi naturelle*.
(2) Thermodynamique, *préface*, p. 18 ; p. 400 et s.

en vue de la liberté, c'est un principe de conduite. Ce qu'il fallait démontrer.

Si j'étais assez versé dans les sciences de la chimie, je pourrais y puiser des exemples saisissants de conduite dans les transformations des corps. Tous les chimistes vous diront qu'il y a des combinaisons qui veulent se faire et d'autres qui ne veulent pas ; la liquéfaction, la solidification, la cristallisation sont des phénomènes qui se produisent en vertu d'une sorte de décision prise par les éléments et qui, une fois commencés, se poursuivent malgré que quelques-unes des conditions physiques du début viennent à manquer, et c'est dans la marche vers le statique que se manifeste cette façon délibérée d'agir. En chimie, dans la succession des combinaisons, la tendance du dynamique au statique est particulièrement claire [1].

III. Il faut une conclusion à ces leçons. Nous sommes partis à la recherche d'une conciliation pratique du mécanisme et de la liberté dans la vie sociale ; à la recherche aussi d'analogies scientifiques dont put s'autoriser cette conciliation. Nous avons trouvé plus que nous ne cherchions. Non seulement nous puisons la conciliation pratique du déterminisme et de la liberté dans la combinaison que produit la conduite sociale entre le mouvement social mécaniste et la représentation du mouvement social, élément essentiellement libre ; non seulement nous pouvons nous autoriser des analogies que présentent le mouvement physique, la représentation de ce mouvement et la conduite de ce mouvement ; mais le dualisme du mécanisme et de la liberté dont, au début, nous avions simplement posé

(1) Ce sont les vues de M. Berthelot, elles ont été contestées, il y a des faits dissidents, comme en matière sociale, d'ailleurs ; elles n'ont point été démontrées fausses.

l'existence comme une hypothèse, nous apparaît maintenant une réalité.

Il y a un mouvement soumis au mécanisme, mais il
y a une représentation du mouvement qui n'est pas
soumise au mécanisme; il y a une évolution des choses,
mais il y a aussi une force plus libre qui produit une
contr'évolution. Il y a du déterminisme, mais il y a
aussi de la finalité. L'espèce de répulsion que tout esprit
non prévenu éprouve à admettre que toute existence
se ramène au mouvement pur, au mécanisme pur, à
l'organicisme pur, même le statique harmonieux qui
est si évidemment différent du mouvement — cette répulsion a trouvé, je crois, un fondement solide dans les
développements sur les énergies représentatives.

— La conciliation pratique du mécanisme et de la liberté
que nous avons admise, donne aux faits de conduite et à
la solidarité de la conduite dont l'importance sociale est si
grande, la place éminente qui leur appartenait dans la
sociologie générale. Chose singulière, la morale et le droit
avaient été jusqu'ici pour la plupart des sociologues un
objet d'embarras. On leur rendait hommage, mais on ne
savait où les situer. On avait tellement peur de retomber
dans l'ancienne métaphysique des sciences morales! Nous
rendons bien, nous, à la sociologie son caractère de science
morale, c'est-à-dire de science qui se préoccupe de la
conduite et de la liberté, et c'était désirable, mais nous
lui restituons ce caractère sans rien emprunter aux *a
priori* métaphysiques, et en restant sur le terrain des faits,
d'une façon scientifique.

— Notre solution, outre qu'elle nous a fourni un classe-
ment précieux des formes de la solidarité; outre qu'elle
est appuyée sur de sérieuses analogies physiques, me

paraît, de plus, supérieure aux autres conciliations proposées, si on l'examine dans ses conditions internes.

Rémémorons-nous, une fois encore, les étapes par où
nous sommes passés. Nous avons constaté que le mouvement social et, par suite, la solidarité organique, étaient
déterminés de façon mécaniste ; qu'au contraire la représentation du mouvement social et la solidarité représentative étaient libres dans leur essence. Maintenant, nous
venons de voir ces deux premières formes de la solidarité
se fondre et s'harmoniser dans une troisième, la solidarité
de la conduite, forme qui est nécessairement la dernière,
puisqu'elle préside constamment aux actes, à la réalisation
des choses. Nous avons retrouvé dans la conduite à la fois
de l'organicisme et de la liberté, mais surtout de la liberté.

La conduite nous est apparue comme présidant à l'organisation du statique, de sorte que c'est finalement la
création du statique en vue de la liberté qui réalise objectivement la conciliation du mécanisme et de la liberté.

Tout cela est appuyé sur les analogies de la thermodynamique. Si le mouvement semble obéir à un mécanisme,
la chaleur, énergie représentative, paraît au contraire
obéir à des lois de liberté. La conciliation de ce mécanisme
et de cette liberté des éléments physiques se produit, elle
aussi, dans la création du statique. C'est du moins ainsi
que nous avons interprété l'augmentation de l'entropie.

Or, la conception de l'organisme-représentatif à laquelle
nous arrivons est préférable à la conception de M. Fouillée, l'organisme-contractuel ; je vous ai expliqué plus
haut que tout le statique social ne pouvait pas être en-
fermé dans le contractuel, la formule contractuelle est
encore bien plus inapplicable au statique physique. D'un
autre côté, la conciliation de la liberté et du mécanisme

par la conduite dans la création du statique est plus exacte
que celle proposée par M. Bernès. Pour celui-ci, la liberté
est dans ce qui n'est pas encore réalisé, et le mécanisme
dans ce qui est réalisé [1]. Voilà certes ce qu'un juriscon-
sulte ne saurait admettre. Les droits que nous possédons
sont des libertés réalisées en ce sens que l'exercice nous
en est assuré; le droit de propriété que j'ai sur un domaine, bien que je ne l'aie encore réalisé par aucun acte
est déjà une réalité sociale, la preuve en est qu'il a une
valeur pécuniaire, c'est cependant une liberté. La vérité
est que le statique social contient de la liberté réalisée
dans la mesure où il contient des droits, c'est-à-dire des
représentations de faits garanties par la loi, et tout porte
à croire que le statique physique contient aussi de la
liberté réalisée dans la mesure où il contient des formes
représentatives typiques.

— La conciliation que nous proposons entre le mécanisme
et la liberté entraîne sur la nature des lois de l'univers, et
des lois sociales en particulier, un corollaire que nous ne
saurions nous dispenser d'indiquer.

Elles sont des lois de conduite, par conséquent elles
contiennent elles-mêmes à la fois du mécanisme et de la
liberté. Elles sont, d'une part, selon la définition de Montes-
quieu, « les rapports nécessaires qui découlent de la nature
des choses », mais elles sont en même temps « une représentation vraie des rapports entre les choses » et c'est
dans cette représentation que se glisse la liberté.

C'est aussi dans cette « représentation » des rapports entre
les choses, *en tant qu'elle est vraie*, que réside l'autorité
de la loi; la source de l'autorité est dans la vérité. Ici

(1) *Sociologie et morale*, 1894 *passim.*, note, p. 25, 50 et s.

reparaît une dernière fois le principe de Clausius « on ne peut pas faire passer de chaleur d'un corps froid sur un corps chaud »; la température se répartit entre les divers éléments d'un système dans un certain ordre irréversible. Ainsi que nous l'avons observé dans notre quatrième leçon, si la chaleur est une énergie représentative, la température doit être quelque chose comme un rapport entre des représentations partielles de l'univers et sa représentation totale ; autrement dit, la température doit être le *degré d'intégration* de l'énergie représentative du système, ce qui équivaut au *degré de vérité*. Dans cette hypothèse on peut traduire ainsi le théorème de Clausius : « on ne peut pas faire passer de vérité, de la représentation qui en contient moins à celle qui en contient plus ». Sous cette forme le théorème devient le principe de l'autorité dans la conduite, c'est la vérité qui engendre l'autorité ; et il devient aussi le principe de la solidarité de la conduite, car ce sont les hommes ou les systèmes qui possèdent le plus de vérité qui rayonnent sur les autres et par là dirigent la conduite.

Mais, me direz-vous, qu'est-ce que la vérité? Et qui possède la vérité? Cela, c'est une autre question. Vous savez que nous nous plaçons à un point de vue exclusivement formel. S'il y a des énergies représentatives, il doit y avoir une vérité quelle qu'elle soit, et comme les énergies représentatives vibrent en des cerveaux qui sont des appareils récepteurs, la vérité doit se faire connaître. D'ailleurs, la prétention à la conduite des hommes, de la part de ceux qui possèdent ou croient posséder la vérité, est tellement naturelle que non seulement les mages et les théologiens l'ont eue, mais nos modernes savants. La science s'érige en autorité sociale, elle entend gouverner Caliban.

Ainsi la source de l'autorité, de cette autorité qui dicte

la conduite est « représentative », c'est la vérité ; l'autorité
de la loi est puisée dans la vérité.

— On pourrait de notre doctrine faire sortir beaucoup
d'autres conséquences ; avec ces trois fils : le mouvement,
la représentation du mouvement, la conduite du mouvement, on pourrait encore tisser beaucoup de toile ; mais
il faut savoir se borner, je suspends ici le va et vient de
la navette. Laissez-moi seulement vous proposer un brocard
en mauvais latin, comme on les aimait autrefois, destiné
à vous rémémorer la trame des choses :

Moventur, repræsentantur, reguntur omnia.

PREMIER APPENDICE

De la nécessité d'une école de droit « représentative ».

Si la doctrine contenue dans les leçons sur le mouvement social est exacte, les sciences sociales particulières devront en déduire des corollaires. Je ne veux ici signaler qu'une conséquence qui intéresse particulièrement les juristes, la constitution d'une « école représentative », c'est-à-dire d'un ensemble de doctrines juridiques inspirées d'une certaine façon par le « représentatif ».

L'orientation précise de cette école demande quelques développements. Il s'agit de situer pratiquement le représentatif par rapport à l'organique et cela ne va pas sans difficulté, car d'une part, l'organique est plus que le représentatif et, d'autre part, l'organique ne nous est intelligible que par le représentatif.

A. Je dis que l'organique est plus que le représentatif, que la solidarité organique est plus que la représentative, que l'individu est plus que la personne. Cette affirmation de hiérarchie est faite pour surprendre bien des gens. L'hérésie du moment, on peut bien le dire, est la croyance à la primauté du « représentatif »; ils sont nombreux les savants qui pensent sincèrement que la science de l'être est plus que l'être ou que l'être n'est constitué que par la science qu'il a de lui-même; sur ce point le lyrisme d'un Renan aboutit au même résultat que la froide géométrie d'un Hoëne Wronski. Les sources de cette erreur sont dans le subjectivisme philosophique moderne, particulièrement dans l'Hégélianisme; le résidu pratique de ces spéculations pour la masse savante a été que la pensée subjec-

tive progressivement dégagée constituait la forme essentielle
de l'être. Le « je pense, donc je suis » de Descartes, interprété
objectivement signifiait « il y a en moi de la pensée, du représentatif, donc il y a *une forme* de l'être », interprété subjec-
tivement, il a signifié « je suis de la pensée, la pensée consciente est *la forme* de l'être ».

Or, cependant, pratiquement, au point de vue des phénomènes généraux du mouvement, comme au point de vue des
phénomènes particuliers du mouvement social, il est certain
que le mouvement est plus que la représentation du mouvement et que par suite l'organique est plus que le représentatif :

1º L'organique précède et engendre le représentatif. Dans
l'évolution d'un système physique, ce sont les énergies de
mouvement qui se transforment en l'énergie représentative
chaleur ; dans l'évolution d'un système social ce sont aussi les
énergies de mouvement qui se transforment en les représentations mentales sociales. S'il n'y avait pas eu d'abord des énergies
de mouvement dans le système, il n'y aurait jamais eu des
énergies représentatives dégagées, de sorte qu'à la rigueur on
peut concevoir le mouvement ou l'être sans représentations,
mais que l'on ne saurait concevoir la représentation sans le
mouvement (1). Sans doute, d'une certaine façon, l'énergie représentative est engagée dès le début dans le système, mais elle
n'est à ce moment-là que virtuelle et sa forme ne se réalise
historiquement que par l'intermédiaire de la forme mouvement. Si nous prenons pour exemple l'histoire de l'État puissance publique, nous voyons que la personne État est la forme
« représentative » de cette individualité organique qui s'appelle un corps politique. Or il est d'évidence que le corps politique précède l'État, l'engendre et par conséquent est plus que
l'État. La forme État n'est pas nécessaire à l'existence d'un
corps politique, des milliers et des milliers de groupements
politiques, clans, tribus, baronies féodales ont vécu pendant
des siècles dans la zone purement organique, ce n'est pas que

---

(1) Cela revient à dire, remarquons-le, que la société a été instinctive
avant d'être réfléchie.

dans ces systèmes sociaux il n'y ait eu la virtualité de l'État, par cela même qu'il y avait les rudiments de la solidarité représentative, mais la forme État ne s'y est pas réalisée entièrement. De même, dans les groupements politiques où finalement la forme État a fait son apparition, ce n'a été qu'après un long stage dans la zone organique. C'est donc qu'au point de vue politique la forme organique est plus fondamentale que la forme représentative, par cela même que toujours elle la précède et que, souvent, elle est la seule qui se réalise.

On dira, il est vrai, et c'est la plus dangereuse erreur, qu'une fois la forme représentative réalisée, elle devient la forme totale de l'être, que l'organisme disparaît. Dans l'exemple de l'État, une fois l'État réalisé, l'organisme politique sous-jacent serait totalement absorbé par lui. Mensonge redoutable. L'organisme ne disparaît jamais, si ce n'est avec la vie. L'organisme national ne disparaît pas plus sous l'État que notre individualité irrationnelle ne disparaît sous notre personnalité rationnelle. De même que nos besoins physiques, nos instincts profonds, nos appétits et les inventions de notre entendement, font des irruptions continuelles à travers le système logique de nos représentations mentales, de même les besoins économiques, les instincts de la race, les mouvements d'idées nouvelles font des irruptions à travers le système logique de l'État. Déjà l'école organiciste affirme la persistante importance de l'organisme et on doit lui en savoir gré. La doctrine que j'ai développée l'affirme aussi ;

2° Elle ne s'appuie pas seulement sur ce que l'organisme précède et engendre le représentatif, elle s'autorise des fins pratiques du représentatif qui sont de régir l'organique. Nous avons vu qu'il n'y a pas seulement mouvement et représentation du mouvement, mais aussi conduite du mouvement et que les lois de la conduite du mouvement sont réalisées par le représentatif (V. sixième leçon). Or, l'objet auquel s'applique la loi est plus que la loi, la société est plus que le Droit. La loi n'est pas faite pour elle-même, elle est faite pour son objet ; le représentatif est donc pour l'organique et la représentation du mouvement pour le mouvement. L'hypothèse de Hertz est la vraie; il y a, d'abord, *des mouvements premiers*. La philosophie subjective marche à rebours, il faut qu'elle retrouve le chemin de l'objectivisme.

B. Nous semblons bien loin d'une école de Droit « représentative » puisque nous affirmons la primauté de l'organique; mais nous allons y revenir. L'organisme social, comme tous les autres organismes, malgré sa supériorité vis-à-vis du représentatif, est dans cette situation singulière de n'être intelligible pour nous que par l'intermédiaire du « représentatif ». En effet, nous ne le concevons que par l'intermédiaire des concepts qui se présentent à nous. Nous sommes donc bien obligés, pratiquement, de nous établir dans le représentatif. C'est ainsi que, conversant par interprète avec un personnage qui parle une langue à nous inconnue, nous ne pouvons faire état que de la version de l'interprète.

Toutefois, la difficulté n'est pas épuisée, car s'il suffisait de s'établir dans le représentatif et dans un représentatif quelconque, toutes les écoles scientifiques et artistiques seraient également représentatives; il n'y aurait pas de dissidence possible et, par exemple, il n'y aurait pas d'école organiciste puisque l'organisme n'est pas directement abordable par notre esprit. Mais, en réalité, il faut faire un choix dans le représentatif.

Il y a, nous l'avons vu dans la troisième leçon, deux directions dans le représentatif, la direction de la science positive et la direction de l'idéal artistique. Dans la première direction on se rapproche autant que possible de l'organicisme et on en accepte le mécanisme; dans la seconde direction on réagit contre l'organicisme au nom de la liberté.

En réalité, les écoles dites *organicistes* sont celles qui s'établissent dans le représentatif scientifique, et qui acceptent le mécanisme de l'organisme social comme donnée fondamentale. Une école proprement « représentative » sera, au contraire, celle qui s'établira dans le représentatif idéaliste, qui acceptera comme donnée fondamentale la liberté des hommes, et qui ne verra dans le mécanisme organique que la limite nécessaire de cette liberté.

C. Reste à démontrer que c'est dans ce représentatif idéaliste qu'il convient à une école juridique de s'établir.

La démonstration est simple. Le représentatif idéaliste est
celui qui nous donne de l'organisme le concept le plus vrai au
point de vue pratique de la vie; la représentation mécaniste
est le point de vue de la science, la représentation idéaliste le
point de vue de la vie; or le Droit n'est point pour la science
de l'organisme social mais pour la vie de celui-ci. La preuve
de la vérité pratique du représentatif idéaliste est double :

1° Il remplit mieux que l'autre la mission du représentatif qui est d'être régissant, par cela même que paraissant
plus éloigné de la réalité organique, il réagit plus vigoureuse-
ment sur cette réalité. Or, plus le représentatif est régissant,
plus il est dans son rôle de représentatif, plus il contient de
vérité pratique ;

2° Si le représentatif idéaliste possède cette vigueur de
réaction sur la réalité organique c'est qu'il exerce sur les
hommes une grande action. Il est incontestable que son idéal
qui est la liberté les exalte plus que les doctrines de fatalisme
mécaniste, même lorsqu'elles sont revêtues de l'appareil scientifique. C'est la preuve qu'il est plus vrai et que, sous le
mécanisme apparent du mouvement et de l'organisme, il se
cache plus de liberté qu'on ne croit. J'ai déjà dit au texte (p. 77)
que le degré de vérité des représentations mentales est comparable à la température thermique. La température se mesure
pratiquement à la dilatation des corps, c'est-à-dire à l'exaltation qu'elle produit dans les systèmes d'atomes. La vérité des
représentations mentales se mesure à l'exaltation sociale
qu'elles produisent chez les hommes. Bien entendu en cette
matière les observations sont très délicates et il n'est pas trop
de les faire porter sur toute l'étendue de l'histoire humaine.
A ce point de vue, les doctrines traditionnelles sous l'action
desquelles s'est réalisé le progrès de la civilisation méritent
d'attirer notre attention. Il a fallu qu'elles exaltent singulièrement et de façon bien continue les meilleurs associés parmi les
hommes pour se réaliser ainsi et triompher des autres; c'est donc
en elles qu'on doit trouver le plus de vérité. Or, ce sont des doc-

trines de liberté. J'ajoute que ce sont en même temps des doctrines de renoncement et que, d'après une observation faite au
texte (p. 77) il a fallu qu'elles exaltent la force de croyance
des hommes assez pour triompher de toutes les forces de désir; cela donne, mieux que tout, la mesure de leur vertu
d'exaltation sociale et par conséquent de leur degré de vérité.

Il y a donc place pour une école juridique qui s'appellera
proprement « représentative » et qui prendra son point de départ dans le représentatif idéaliste, c'est-à-dire dans la liberté.
Elle tiendra néanmoins grand compte de l'organicisme, elle ne
commettra point la faute d'en méconnaître les exigences, elle
y verra la limite de la liberté; elle saura qu'une liberté ne
peut être pratiquée parmi les hommes sans être *organisée*, c'est-
à-dire sans être raccourcie sur le lit de Procuste de l'organisme social.

Cette école aura quelques grandes théories qui découleront
logiquement de ces prémisses et dont on me pardonnera d'es-
quisser le sommaire :

I.

L'école « représentative » affirmera l'existence d'un droit
naturel ou d'un idéal de justice ; cet idéal sera orienté vers le
maximum de liberté pour tous les hommes; sa réalité sera appuyée sur ce que les représentations mentales qu'il suppose
sont celles qui, de tout temps, ont eu sur les hommes la plus
grande vertu d'exaltation sociale et sont par conséquent les
plus vraies (V. plus haut).

II.

L'école « représentative » verra le principal fondement des
droits positifs dans la représentation que les hommes se font
de leurs intérêts. Elle reconnaîtra que l'élément but ou intérêt

est donné par l'organisme, mais que cet élément doit être vu
à travers la « représentation en figure de liberté » qui seule
constitue la forme juridique. C'est pour cela que les droits ap-
partiennent à la personne, tandis que les intérêts appartien-
nent plutôt à l'individu, et c'est pour cela encore que les droits
reposent plutôt sur les croyances des hommes que sur leurs
désirs (1) (V. p. 49).

III.

L'école représentative aura une théorie de l'État. Cette théorie est trop complexe pour être exposée en quelques lignes.
En voici cependant les éléments principaux :

1º Il importera d'abord de distinguer l'État puissance publique de l'ensemble des « situations d'état » qui sont sous sa
garantie (V. p. 107). Le Droit notamment devra être rattaché
quant à son objet et à sa source, non pas à l'État puissance
publique, mais à l'ensemble des situations d'état. Dès lors, si
l'État puissance publique est législateur et juge, ce n'est point
qu'il soit source des droits, les droits ainsi que la loi sortent
du milieu social où se créent les situations d'état. — C'est à
titre de garant, c'est-à-dire que fournissant la sanction des

_____

(1) La croyance des hommes joue un rôle considérable, non seulement
dans la genèse des droits, mais aussi dans leur mode de création ou de transfert par les actes juridiques et toujours dans le sens de la création des situations d'état, de la stabilité en vue de la liberté (V. p. 107 et s.). M. Emmanuel Lévy, avec raison, a appelé l'attention sur le rôle que la croyance joue
dans le transfert de la propriété. Il a montré que le titre de propriété qui,
primitivement, ne faisait preuve du transfert du droit qu'*inter partes* tend à
devenir une preuve absolue, opposable à tous, parce que la croyance dans
le titre s'est augmentée et s'est répandue dans le public (Cfr. Emmanuel Lévy,
Preuve par titre du droit de propriété immobilière, Thèse, Paris, 1896). Les
jeunes jurisconsultes qui, comme MM. Saleilles, Bartin, Gény, cherchent à dégager de nouvelles règles d'interprétation *a posteriori*, devront tenir grand
compte de celle-ci, à savoir que « le Droit tend à justifier les croyances universellement répandues au sujet de l'efficacité des faits juridiques ».

règles de droit, il s'est chargé d'en rédiger la formule.

Néanmoins, il faudra distinguer les situations d'état privées et les situations d'état publiques. — Vis-à-vis des situations d'état publiques, l'État puissance publique joue un rôle plus actif, parce qu'elles sont pour ainsi dire à l'intérieur de lui, il les englobe. Là les droits subjectifs des citoyens pourront être considérés comme provenant formellement d'une concession de l'État; mais, si au point de vue formel le droit est concédé par tel ou tel organe de l'État puissance publique, en réalité il est engendré spontanément à l'intérieur de la situation d'état publique que recouvre l'État puissance publique, de sorte que, même là, l'État puissance publique ne crée pas de droits; tout ce qu'on lui accorde c'est que par la concession formelle qu'il en fait il les organise, puisque toute liberté doit être *organisée*, tandis que ce n'est pas lui qui organise les droits privés.

Il y aura donc des droits privés qui ne proviendront pas de l'État, même pour l'organisation, et des droits publics qui proviendront de l'État au point de vue formel de la concession destinée à les organiser. La ligne de démarcation entre ces deux espèces de droits ne pourra être tracée que par des considérations historiques, attendu que l'État lui-même se constitue dans des conditions historiques. Si, par exemple, nous examinons les Déclarations des droits de l'homme des constitutions révolutionnaires, nous faisons les remarques suivantes : 1° Il y a des droits d'une importance capitale que ces déclarations ne mentionnent pas, nous n'y trouvons ni les droits de famille, ni les droits dont l'ensemble constitue le *jus commercii*; la propriété elle-même n'y apparaît qu'à un point de vue très déterminé : ces Déclarations sont étrangères au Code civil, au Code de commerce, au Code de procédure civile. Comme on peut à bon droit les considérer comme des catalogues de droits publics, nous concluons qu'à cette date historique il y avait une quantité de droits de l'homme qui n'intéressaient pas la situation d'état publique, soit qu'ils ne l'eussent jamais intéressée, soit qu'ils eussent cessé de l'intéresser, ces droits méritent donc le nom de droits privés;

2° les Déclarations énumèrent des droits publics qui n'étaient point alors formellement concédés par l'État, la preuve en est qu'au bout d'un siècle, ils ne le sont pas encore tous; c'est donc que les déclarations énumèrent les droits qui étaient sortis spontanément de la *situation d'état publique*, qui devaient être organisée par l'État puissance publique, mais qui ne l'étaient pas encore.

2° Dans l'État puissance publique il y aura lieu de distinguer l'organisme gouvernemental et la représentation de cet organisme qui à proprement parler constitue la forme de l'État. Il y aura donc dans la souveraineté un élément organique et un élément représentatif. Pour son élément représentatif la souveraineté ne trouvera de limitation que dans le Droit, ce sera une liberté réglée par le droit. — Pour son élément organique, elle pourra admettre toutes les limitations qui seront imposées à l'organisme gouvernemental lui-même, soit par les relations internationales, soit par la séparation de l'Église et de l'État, soit par la décentralisation ou le fédéralisme, soit par une organisation corporative intérieure. Il pourra donc y avoir en ce sens des limitations de l'État.

D'autre part, les deux éléments de la souveraineté se limitent l'un l'autre. L'élément représentatif endigue l'arbitraire de l'élément organique. En revanche, les nécessités de l'organisme politique suspendent en certains cas la liberté impliquée dans l'élément représentatif; la raison d'État suspend la responsabilité de l'État.

IV.

Sur la question du régime politique, l'école représentative reconnaîtra qu'aux époques où la solidarité représentative est suffisamment développée et le régime d'État, par suite, suffisamment formé, le gouvernement doit être à base de démocratie représentative et de souveraineté individuelle. Mais elle reconnaîtra aussi que la constitution doit laisser du jeu aux énergies organiques, car le représentatif ne doit jamais supprimer la réaction nécessaire de l'organique. Il faudra donc ménager des rouages constitutionnels qui permettent aux besoins de l'organisme de s'exprimer, qui soient les interprètes des nécessités économiques ou des susceptibilités nationales. A ce point de vue, l'école représentative condamnera le parlementarisme républicain qui subordonne entièrement l'organe exécutif au Parlement. Par la nature de ses fonctions et par ses traditions historiques, l'organe exécutif est l'agent indiqué de l'organicisme, il est urgent, par un moyen quelconque, de l'affranchir de l'oppression du Parlement. Il ne faut pas que le représentatif tue le réel, ni que par une confusion déplorable, le représentatif devienne l'organe du réel. Le représentatif doit seulement régir le réel.

V.

Sur la question des nationalités, l'école représentative verra le fondement principal de la nationalité dans la libre volonté des habitants du pays, c'est-à-dire dans la solidarité représentative, mais elle admettra la réaction légitime des éléments organiques, notamment de la race.

VI.

En Droit international, l'école représentative restera fidèle au principe de non-intervention jusqu'à ce qu'il se soit créé un État fédératif européen, qui ne soit pas seulement un organisme mû par des intérêts, mais qui soit en même temps une entité représentative des idées de justice et de liberté. Ce jour-là seulement les États particuliers se trouveront vis-à-vis de l'État central dans la situation où sont actuellement les citoyens vis-à-vis de leur État national et ils pourront admettre l'intervention juridique.

*
* *

Je m'arrête dans cette énumération. A l'appendice suivant on trouvera, développée avec plus d'ampleur, la théorie des personnes morales. On remarquera que toutes ces théories sont dans la tradition de l'idéalisme français corrigé par le vieux bon sens gaulois, de sorte que l'école représentative serait essentiellement « française ».

DEUXIÈME APPENDICE

Du fondement de la personnalité morale (V. p. 92) (1).

I. Quand on aborde la question du fondement de la personnalité morale des « corps et communautés », c'est-à-dire des associations, corporations, établissements, fondations, etc., il importe de définir soigneusement trois notions : celles d'individualité, de personnalité morale et de personnalité juridique. Grâce aux principes établis dans les leçons sur le mouvement social, ces définitions sont relativement aisées : l'individualité est une notion organique, la personnalité morale une notion représentative, la personnalité juridique une notion éthique.

A. L'individualité est une notion organique. Sera doué d'individualité tout objet ou tout être, qui, au point de vue des mouvements, constituera un « système » ; à l'occasion duquel on pourra distinguer des mouvements internes et des mouvements externes ; auquel on pourra appliquer le principe *des mouvements relatifs*, c'est-à-dire le principe de l'indépendance des mouvements internes par rapport aux mouvements externes (V. p. 18). Ainsi un caillou sera un individu parce qu'on peut dis-

(1) J'ai déja traité cette matière dans deux articles parus dans la *Revue générale de droit*, année 1898, p. 1 et p. 119, sous ce titre : *De la personnalité comme élément de la réalité sociale.* Si j'y reviens ici, c'est que j'ai été peu satisfait de ce premier essai. Je n'étais pas arrivé alors à l'objectivisme absolu qu'implique la théorie du « représentatif » ; j'avais cherché à la personnalité morale un fondement subjectif. On retrouvera donc dans cet appendice quelques-uns des détails de la première étude, mais l'allure générale est changée.

tinguer à son égard des vibrations internes et des mouvements
de translation externes et parce que les vibrations internes
sont indépendantes des mouvements externes de translation.
Un homme est un individu par rapport au milieu social, parce
qu'on distingue les mouvements internes de ses désirs, de ses
appétits, de ses passions et les actions externes que lui impose
le milieu social; lorsque Pierre est incorporé au régiment, reçoit un numéro matricule, un uniforme et fait des assouplis-
sements, Pierre ne cesse pas pour cela d'être un individu,
parce que les actions extérieures imposées par le milieu militaire laissent indépendants les mouvements de son cœur.

De ce que l'individu n'est qu'un système de corps ou de
forces au point de vue mécanique, il s'ensuit que son unité
n'est point parfaitement intelligible pour nous :

a) C'est une unité complexe. Un système de corps suppose
des parties et ces parties peuvent être divisées à l'infini par la
pensée. L'individualité physique de l'homme est la synthèse
d'individualités élémentaires, les cellules des tissus de son
corps, lesquelles sont la synthèse d'individualités moléculaires, lesquelles sont la synthèse d'individualités atomiques. Les
atomes peuvent à leur tour être divisés par la pensée;

b) L'unité individuelle n'est pas plus absolue que le principe
des mouvements relatifs; or, il n'est pas absolument vrai que
les mouvements de translation d'un système n'aient aucune
action sur les mouvements intérieurs et inversement. L'individu n'est donc pas tout à fait indépendant de son milieu, il
y a entre le milieu et lui action et réaction réciproque. Il y a
une certaine discontinuité, mais non pas une discontinuité
complète;

c) Il résulte des observations précédentes que l'unité individuelle a surtout une valeur phénoménale; c'est un fait donné par
les événements, et soumis à leur mécanisme. Ce caillou roulé
par les eaux de la rivière est actuellement un individu, l'événement d'un coup de marteau peut détruire son individualité
et faire apparaître celle de milliers de fragments. L'individualité morale de Pierre a été donnée par sa naissance; il est né
avec un certain système d'instincts, de passions, de facultés;

ce système peut être brisé par une maladie mentale en individualités fragmentaires et incohérentes.

B. La personnalité morale est une notion représentative. Est doué de personnalité tout être à l'intérieur duquel s'est créée une unité représentative. Les conditions de la personnalité sont infiniment plus resserrées que celles de l'individualité.

D'abord, la personnalité ne saurait apparaître qu'au sein d'une individualité, car le représentatif ne se dégage que dans les évolutions d'un système fermé. Ensuite, et par là même, la personnalité ne saurait apparaître que dans une individualité *qui évolue*. En outre, il faut qu'un certain nombre des éléments qui dans le système individuel ont dégagé du représentatif soient arrivés à l'unité représentative par l'unanimité. Pour cela, il faut que les représentations dégagées revêtent une certaine qualité qui est d'être *raisonnables*, c'est-à-dire qu'elles se prêtent à une certaine discussion logique opérée par le jeu des principes d'identité et de contradiction; le résultat de cette discussion logique est de constituer des unanimités représentatives. Il peut y avoir dans la même individualité plusieurs unanimités de ce genre, mais dans l'état normal il y en a toujours une plus forte qui domine les autres, les rejette dans l'opposition et s'empare de la vie représentative du système(1). Ne peuvent donc arriver à la personnalité que les individus vivants dont les représentations mentales ont la qualité de raisonnables. En fait, l'homme seul remplit complètement ces conditions(2).

(1) Je ne m'éloigne pas beaucoup, on le voit, des données de la psychologie expérimentale pour laquelle la vie mentale résulte de la systématisation des états de conscience et même de la lutte de plusieurs systèmes qui peuvent coexister, ce qui explique les discussions intérieures, les perplexités, les changements d'idées, les conversions, etc. Seulement pour écarter tout élément subjectif, je ne dis pas « états de conscience », je dis « représentations ». De plus je fais du « raisonnable » une qualité inhérente aux représentations, qui consiste en ce qu'elles sont susceptibles de la discussion logique.

(2) Il n'est pas sans intérêt de rappeler la définition scolastique de la personnalité : « la personne est la substance individuelle d'une nature raisonna-

L'unité personnelle est bien plus intelligible pour nous que l'unité individuelle, ainsi qu'il va résulter des observations suivantes :

a) Par cela même que l'unité de la personne est constituée par unanimité représentative, elle n'est point complexe. En effet, des représentations identiques se fondent complètement en une représentation unique; l'esprit ne conçoit pas la segmentation d'une unanimité tant qu'elle conserve son caractère. L'unanimité, c'est l'homogène de l'évolution spencérienne; la personne est homogène, tandis que l'individu est hétérogène (1);

b) Par cela même que l'unité de la personne est constituée par unanimité représentative, elle participe de l'absolu des concepts, elle est discontinue par rapport au milieu, affranchie du mécanisme, libre;

c) Il résulte des observations précédentes que l'unité de la personne n'a point précisément une valeur phénoménale, ou, du moins que si, en un certain sens, elle est phénoménale, en tant que constituée dans un individu à un certain moment de son évolution; en un autre sens, elle est hors de la chaîne des phénomènes. Elle est une forme de cet élément intelligible que la scolastique voyait en toutes choses et qu'elle appelait l'hypostase (2).

C. La personnalité juridique est une not   éthique constituée pour le fonctionnement de cet appareil de conduite sociale

ble » Boëce, *lib. de duab. nat.*, et saint Thomas, *Somm. théolog.* 1ª, qu. 29, art. 1. La « nature raisonnable » équivaut au « système de représentations mentales raisonnables » ; il y a en plus dans la doctrine scolastique l'affirmation que la personne est la substance de l'individu, c'est-à-dire que le représentatif est la substance intelligible de l'organique, c'est proprement la doctrine de l'hypostase.

(1) L'homogène et l'hétérogène ne sont pas du même ordre, l'homogène appartient au « représentatif » tandis que l'hétérogène appartient à « l'organique »; l'erreur de Spencer est d'avoir cru qu'ils étaient du même ordre et d'avoir voulu faire sortir l'un de l'autre par le seul mouvement.

(2) « L'hypostase est la personne en tant que subsistante dans une nature... elle est le suppôt ou sujet des accidents ». Saint Thomas, *Somm théologique*, 1ª, qu. 29, art. 1 et 2.

qu'est le Droit ; elle est le suppôt des droits que l'on est convenu d'appeler *subjectifs*. Est doué de personnalité juridique
tout être humain qui, pratiquement, jouit ou doit jouir, d'après
l'organisation sociale, d'une volonté autonome. L'esclave dans
la société antique n'avait pas de personnalité juridique parce
qu'il n'avait aucune autonomie.

a) Cette condition de la volonté autonome indique que la
personnalité juridique s'appuie directement sur la personnalité
morale, en laquelle seule nous trouvons le germe de la liberté ;
.dans le langage courant on applique immédiatement la personnalité juridique sur l'individualité, mais c'est une erreur ou un
raccourci fâcheux. Ce n'est pas dans l'individualité organique
qu'est la liberté, c'est dans la personnalité représentative.
Cette observation aura son importance quand il s'agira des
corps et communautés. D'une part, dans des groupes sociaux tels
que la famille agnatique ou le clan politique, si nous voyons
la personnalité juridique du groupe se fixer en la personne
du *paterfamilias* ou du chef, c'est que ce personnage est le
seul qui ait une personnalité morale autonome par rapport aux
représentations mentales qui intéressent le groupe, tous les
autres membres étant sous sa dénomination. D'autre part, dans
des groupes sociaux plus avancés, tels que la corporation, si
nous voyons la personnalité juridique appartenir au groupe
lui-même, à la corporation comme être collectif, ce n'est point
qu'elle soit attachée à l'individualité corporative, mais c'est
qu'une personne morale collective autonome s'est dégagée par
suite de l'unanimité représentative de tous les éléments auto-
nomes qui constituent la corporation.

b) Non seulement la personne juridique s'appuie sur la
personnalité morale représentative, mais elle n'est elle-même
qu'une sorte de représentation de la personne morale, déformée
d'une certaine façon avantageuse pour la conduite sociale,
orientée vers le statique, ce qui ne doit pas nous étonner
puisque nous savons que le grand procédé de la conduite
sociale est la création du statique (V. p. 107).

La personnalité juridique est comme un masque appliqué sur
un visage, mais qui ne le moulerait pas exactement. La person-

nalité juridique individuelle nous apparaît continue et iden-
tique à elle-même, elle naît avec l'homme, elle est du premier
coup constituée; elle demeure toujours la même pendant
l'existence; elle soutient sans défaillance, pendant des années,
des situations juridiques immuables; elle veille pendant que
l'homme sommeille; elle reste saine pendant qu'il déraisonne
parfois elle se perpétue après la mort, puisqu'il y a des suc-
cesseurs qui sont continuateurs de la personne. Or, dans la
réalité des choses, les représentations et les volitions des
hommes sont intermittentes, changeantes, contradictoires;
non seulement elles ne persistent pas dans le même objet,
mais elles y varient constamment. Sur cette physionomie
agitée, tumultueuse, bouleversée par tous les caprices et toutes
les passions, qu'est la face volontaire de l'homme, le droit
a appliqué un masque immobile.

C'est grâce à un certain nombre de fictions et d'institutions
juridiques accessoires, que la personnalité juridique est par-
venue à se séparer de la réalité mouvante des représentations
et des volitions humaines pour assurer la continuité et l'identité des rapports de droit.

On peut citer, parmi les fictions, cette règle de la possession qui n'exige l'*animus domini* qu'au début et qui le
suppose continué ensuite à moins de renonciation formelle,
présumant la tension continuelle de la volonté.

Parmi les institutions juridiques accessoires, les plus importantes sont celles du patrimoine et de la capacité. Le patrimoine
est l'universalité des droits et obligations acquis ou à acquérir
par une personne juridique; chaque personne a son patrimoine
plus ou moins muni, mais existant toujours à titre de virtualité. Or, d'une part, le patrimoine sert à continuer la personne
après la mort par la succession à titre universel et par conséquent à perpétuer d'une génération à l'autre les créances, les
dettes, les situations; d'autre part, le patrimoine est la
comptabilité toujours ouverte d'un compte unique, de sorte
que tous les faits juridiques dont la personne est responsable
viennent mécaniquement s'y inscrire sous la forme *doit* ou
avoir, et qu'ainsi s'établissent l'unité et la continuité dans les

actes, au moins au point de vue quantitatif. Le patrimoine est en somme une mémoire artificielle implacable. La théorie de la capacité remédie aux inconvénients de la minorité et de la démence. On sait par quel artifice : on applique à la personnalité juridique la distinction du statique et du dynamique ; la jouissance des droits, c'est-à-dire la personnalité statique, reste acquise au mineur et au dément, mais l'exercice des droits, c'est-à-dire la personnalité dynamique, est confiée à un représentant qui agit soit en se substituant à l'incapable, soit en l'autorisant.

Ces institutions complémentaires et ces fictions fondent la personnalité juridique individuelle, en partie, sur autre chose que sur la personnalité morale de l'individu. La succession au patrimoine ne s'explique pas uniquement par la volonté du défunt, car après la mort, cette volonté perd singulièrement de son pouvoir ; l'engagement du patrimoine entier vis-à-vis du moindre créancier est certainement contraire à la volonté du débiteur ; enfin, même en admettant la réalité de la représentation, ainsi que nous le ferons plus bas, les représentants du mineur et du dément ne sont point choisis par la volonté autonome de ceux ci, mais par les parents ou par les autorités sociales. Il est clair que le groupe social, qui a un besoin essentiel de continuité dans les relations individuelles, parce que seule cette continuité peut assurer sa stabilité, impose ces règles dans son propre intérêt ; que par conséquent ces traits de la personnalité juridique trouvent leur origine dans des représentations mentales communes à tous les membres du groupe.

c) Un fait juridique important, celui de la « représentation », apparaît comme une conséquence de la nature représentative de la personnalité juridique. C'est en soi une chose surprenante que des droits puissent se fixer en la personne juridique d'un homme, alors que les actes juridiques qui entraînent l'acquisition de ces droits ont été accomplis par un autre homme. Il faut, pour que cette opération soit admise dans un milieu social, que la personnalité juridique de chacun des membres soit bien séparée de son individualité différentielle, qu'elle soit bien énergiquement rattachée à la personnalité morale et qu'on soit bien arrivé à cette conviction que les personnes raisonnables sont pleines de similitudes, qu'une personne en vaut une autre. Ces conditions ne se sont point réalisées de bonne heure. Dans les civilisations primitives la représentation n'est admise d'abord qu'à l'intérieur de groupes très cohérents dans lesquels ont pu se développer des similitudes spéciales; dans la famille agnatique romaine le père représente les enfants et les enfants représentent le père, ils acquièrent pour lui la propriété, la possession, des créances, des hérédités; mais c'est que cette famille agnatique cimentée par le pouvoir énergique du *paterfamilias* a pu être considérée comme développant parmi ses membres de très fortes similitudes représentatives; d'autant mieux que les droits acquis au père, en même temps qu'ils sont individuels par rapport à lui, sont collectifs par rapport au groupe, intéressent par conséquent directement chacun des membres. Dès qu'il s'agit de sortir de ce cercle de la famille et d'admettre la représentation entre personnes *alienis juris* ne faisant plus partie d'un groupement particulier, n'étant plus que des concitoyens, ou même simplement des humains, les Romains furent désorientés; ils n'avaient pas le sentiment que les similitudes représentatives s'étendissent aussi loin; ils admirent bien la représentation juridique à cause de son utilité pratique, mais ils l'expliquèrent par une fiction. Aujourd'hui nous sommes arrivés à admettre la réalité de la représentation juridique entre tous les hommes civilisés, parce que nous avons le sentiment que la civilisation, dans chaque individualité humaine, a dégagé une personnalité morale pleine de similitudes représentatives.

II. Appliquons aux « corps et communautés » la triple distinction de l'individualité, de la personnalité morale et de la personnalité juridique, en recherchant le véritable fondement de chacun de ces éléments.

Je reprends l'expression « corps et communautés » couramment employée dans notre ancien droit, comme étant la plus commode. Elle embrasse, nous le savons déjà, des variétés nombreuses, des associations, des sociétés, des corporations, des congrégations, des établissements, des fondations; mais nous ne nous attarderons point à classer ces variétés, puisque chez toutes une seule et même chose nous intéresse, la question de l'individualité et de la personnalité.

A. L'individualité des corps et communautés est un fait organique. Un groupement social quelconque acquiert l'individualité lorsqu'il constitue un « système » et qu'on peut distinguer à son sujet des relations internes et des relations externes. Une société de commerce est un individu parce que, lorsqu'elle fonctionne, il y a entre les associés des relations internes et avec la clientèle des relations externes. Un hôpital est un individu parce que, lorsqu'il fonctionne, il y a des relations internes pour assurer le service et avec le public il y a les relations externes du service, etc.

Il convient de s'attacher pour constater l'individualité au fait même du fonctionnement de l'institution, soit qu'elle ait déjà fonctionné, soit qu'elle appartienne à une famille d'établissements pour lesquels l'expérience de la vitalité est déjà faite dans les conditions prévues aux statuts. Il ne faut point s'attacher à l'acte qui a donné naissance à l'institution ni au but qui lui est assigné.

Le but d'une institution a certainement son importance, il contribue à caractériser son individualité, mais il ne la constitue pas. Une institution existante peut dans une certaine mesure, sans altérer son individualité, s'écarter de son but primitif ou ajouter à ce but des buts nouveaux. C'est ainsi qu'une société commerciale constituée pour l'exploitation d'un grand magasin peut augmenter les rayons de celui-ci. Pour les établissements administratifs on admet la règle de la spécialité qui interdit toute modification dans les buts, mais c'est une règle arbitraire de police. En réalité, on concevrait très bien que dans le cours du temps un établissement vît augmenter ses spécialités. Il y a devant l'institution sociale comme devant l'individu vivant, non pas une direction unique, mais des carrefours et des bifurcations.

Cette observation présente un grand intérêt en ce qui concerne les fondations. On définit la fondation « l'assignation à perpétuité d'un fonds à un but » (1). Or d'une part l'assignation d'un but ne suffit point à créer l'individualité de la fondation ; d'autre part, le fait que la fondation sera plus tard détournée de son but, n'entraînera point *ipso facto* la perte de son individualité. La définition n'est donc pas complète et, en réalité, il convient de distinguer deux acceptions du mot fondation. Fondation est le fait de fonder ; fondation est aussi l'institution fondée. L'assignation à perpétuité d'un fonds à un but suffit à constituer l'acte de fondation, elle ne suffit pas à constituer la fondation comme individualité vivante.

B. Ceci nous conduit à une seconde observation, à savoir que l'acte qui donne naissance à une institution ne suffit pas à constituer l'individualité de celle-ci, il faut encore qu'en fait elle fonctionne ou, du moins, qu'elle soit organisée de façon à fonctionner. C'est ainsi que l'individualité de l'enfant n'existe que si celui-ci naît *vivant et viable*. Tant qu'il n'y a encore qu'un contrat d'association, la société n'a qu'une individualité virtuelle. Tant qu'il n'y a que l'acte de fondation, le fonds assigné a un but, la fondation n'a qu'une individualité virtuelle. Il faut que la société ait tenu sa première assemblée générale, que ses administrateurs soient nommés. Il faut que l'œuvre fondée soit réellement organisée pour que l'individualité soit complète. En d'autres termes, l'acte de fondation ne confère à l'institution nouvelle qu'un potentiel, il lui faut l'énergie totale, il faut que ce potentiel entre en travail et engendre de la vitesse acquise (2). La période de fondation ou de création est en soi transitoire. D'ailleurs, pour les sociétés de commerce elle a été réglementée à ce titre. Les corps et communautés démontrent donc leur individualité par le mouvement, en vivant.

C. La personnalité morale des corps et communautés

---

(1) Geouffre de Lapradelle, *des Fondations*, p. 1.

(2) Par conséquent le fondateur, non seulement ne crée pas la personnalité morale de la fondation, ainsi que nous l'allons voir, mais il ne crée même pas, à lui seul, l'*individualité* de cette fondation. En assignant à perpétuité un fonds à un but, il assure à perpétuité un potentiel au système de forces qu'est la fondation, mais il ne saurait lui fournir la vitesse acquise qui est toujours due à la contribution du milieu social (V. p. 29).

est un fait « représentatif ». Elle présuppose l'individualité, mais elle n'est point la conséquence forcée de cette individualité. Elle est uniquement engendrée par l'unanimité représentative qui se crée tant parmi les membres de l'institution que dans le public, au sujet des fins de l'institution, elle est donc l'œuvre de la solidarité représentative. Je n'insiste pas sur le principe de cette explication qui a été déjà développé au texte (V. p. 92 et s.). Je ferai seulement quelques observations de détail :

a) L'unanimité représentative doit exister à la fois parmi les membres de l'institution, à l'intérieur de celle-ci par conséquent, et dans le milieu social, à l'extérieur de l'institution. Il ne suffit pas en effet que le groupement ait une personnalité, il faut qu'on la lui reconnaisse. Sans cela aucune efficacité sociale. L'esclave avait beau croire à sa personnalité morale, le milieu n'y croyait pas, socialement parlant elle était inexistante. C'est la nécessité de la coopération du milieu qui s'applique à la personnalité comme à l'individualité. A l'inverse, il ne suffirait pas qu'une unanimité représentative se constituât dans le milieu social à l'extérieur de l'institution, il faut qu'il en existe aussi une intérieure à l'institution ; le milieu social coopère. mais à lui seul il ne saurait créer ; l'unité représentative, qui est à la base de la personnalité, est avant tout le résultat d'une transformation d'énergie de mouvement en énergie représentative qui se produit à l'intérieur d'un système. Il résulte de là que l'on ne saurait distinguer les corps et communautés en deux catégories, suivant qu'il n'y aurait en eux que l'élément interne des représentations des membres, ou bien l'élément externe des représentations du milieu social, puisqu'en réalité ces deux éléments sont toujours associés quoiqu'à doses inégales (1) — Même pour les fondations, il y a toujours une ca-

(1) Cette distinction bien connue, et d'ailleurs bien discutable, est celle des corporations et des établissements, voy. Savigny, *System*, II, p. 225-378 ; Vauthier, *Étude sur les personnes morales*, 1887, p. 262 et suiv., 381 et suiv.; Houques-Fourcade (Baudry), *Des personnes*, I, nos 295 et 306; Saleilles, *Étude sur l'histoire des sociétés en commandite* (*Annales de droit commercial*, 1895, p. 75); Capitant, *Introduction à l'étude du droit civil*, 1898, p.

tégorie d'intéressés ou de bénéficiaires, indigents, vieillards, sourds-muets, jeunes aveugles de telle ou telle circonscription, fabriques de telles ou telles églises qui doivent profiter d'oblations ou de messes, qui sont de façon actuelle à l'intérieur de l'œuvre et qui en ont la représentation mentale.

b) Le signe pratique qui révèle l'apparition de la personnalité morale dans un groupement social, c'est l'organisation représentative qui est donnée à ce groupement. J'ai déjà plusieurs fois et notamment au texte (p. 87) insisté sur ce fait que l'organisation représentative, surtout à base électorale, est le produit naturel de l'unanimité représentative et que quand les hommes pensent de même, ils agissent les uns pour les autres; c'est le passage naturel du statique au dynamique. Lors donc que l'on voit les administrateurs des corps et communautés être élus ou choisis par les membres à titre de représentants, lors même que, nommés d'une autre façon, ils se considèrent comme des mandataires et des représentants, c'est qu'il s'est dégagé dans l'individualité corporative une personnalité représentative.

Cela ne se produit pas tout de suite, il y a des groupements sociaux dont les administrateurs n'agissent pas comme représentants, mais comme chefs; alors le groupe n'a point de personnalité collective, il n'a qu'une individualité, il participe à la personnalité individuelle de son chef (1).

Ainsi, le fondement de la personnalité morale des corps et communautés est dans l'unanimité représentative et ne doit point être cherché ailleurs. Il s'est produit un certain nombre

---

109. Elle ne conduit à aucun résultat pratique admissible, ainsi que le remarque M. Capitant; elle était abandonnée dès notre ancien droit, où la notion romaine du *Corpus* avait-absorbé la notion canonique de l'établissement, ainsi que le remarque M. Saleilles; enfin elle est contraire à la nature des choses, car sinon au moment de la formation, du moins au moment du fonctionnement, il n'est pas d'entreprise collective qui n'intéresse particulièrement un groupe de population et qui n'ait en même temps un but social général. Cf. mon *Précis de droit adm.*, 3e éd., p. 119-120.

(1) J'ai assez longuement développé ce point de vue dans l'article précité de la *Revue générale du droit*, p. 10.

de doctrines erronées qu'il importe de réfuter. Il y a une
doctrine française et une doctrine allemande.

1° La doctrine française dominante est que la personnalité morale est *fictive*, que son seul fondement est la législation positive. A la vérité, c'est une pure affirmation et
le problème n'a jamais été examiné sérieusement, tant est
grand chez nous le dédain pour les controverses que l'on
qualifie de *théoriques* sans se douter qu'elles ont des conséquences pratiques.

Il est clair que la personnalité des corps et communautés
n'a pas la même réalité que celle de l'homme, on ne l'a jamais
prétendu ; mais ce n'est pas une raison pour qu'elle soit fictive,
car elle peut avoir une réalité autre. Lorsque nous lui
trouvons un fondement dans l'unanimité représentative, ce
fondement est réel, car l'unité des représentations mentales est
une réalité de nature sociale. Cela prouve que toutes les réalités ne sont pas du même ordre, que les existences sociales
sont autres que les existences humaines, tout en leur restant
comparables. La personnalité morale des corps et communautés et la personnalité humaine sont semblables en
ce qu'elles sont toutes les deux des unanimités représentatives; elles sont différentes en ce que l'unanimité se crée
dans le cas de la personnalité sociale de cerveau à cerveau,
dans le cas de la personnalité humaine à l'intérieur d'un même
cerveau.

2° La doctrine allemande dominante, qui est celle de l'école
germaniste, c'est-à-dire au fond *nationaliste,* tient au contraire
pour la réalité de la personnalité morale, mais elle lui donne,
à mon avis, un fondement insuffisant en ce qu'elle la déduit immédiatement de l'individualité organique. Ce fondement est
en même temps dangereux, car il est exclusif de la liberté. La
volonté des administrateurs de l'institution devient volonté de la collectivité uniquement parce que cette volonté
particulière se produit dans l'unité collective de l'organisme, et en somme par une contrainte de l'organisme.
Aussi les administrateurs ne sont-ils pas des *représentants*
mais des *organes;* ils opèrent les actes de la corporation de

la même façon que la main opère les actes du corps (1).

Je ne dis pas que l'explication soit complètement fausse. L'individualité organique exerce en effet une certaine pression sur la personnalité, par cela même que celle-ci se développe dans son sein ; les administrateurs de la corporation sont en effet d'une certaine façon les organes de l'individualité organique. Mais l'explication est insuffisante ; l'unité organique n'est qu'une limite de la personnalité bien loin d'en constituer l'élément fondamental, et si les administrateurs sont des organes de l'individualité organique, ils sont en même temps des représentants de la personne (V. *infrà*, p. 159).

Au fond, la doctrine organiciste allemande ne s'est constituée que parce qu'on n'a pas su voir la réalité sociale profonde qui se cache dans la solidarité représentative et dans la représentation des hommes les uns par les autres. J'espère que tous les développements fournis au texte (p. 85 et s.) démontreront que l'unanimité représentative est un élément d'une importance capitale qui doit être intercalé immédiatement après l'unité organique et qui doit jouer son rôle dans la formation de la personnalité. Cet élément a l'avantage d'impliquer immédiatement la liberté. Il a un autre avantage, bien précieux pour l'esprit français, il est individualiste ; il nous explique la participation de chacun des membres de la corporation à la genèse de la personnalité morale (participation à l'unanimité représentative) tandis que l'élément organiciste est en soi collectiviste, il n'explique la genèse de la personnalité que par l'action du groupe (2).

(1) Cette doctrine qui porte le nom de *Willens theorie* se trouve développée dans les ouvrages suivants : Zitelmann, *Juristische personen*. Leipzig, 1873 ; Meurer, *Der Begriff und Eigenthümer der heiligen sachen Zuglich eine revision der Lehre von den Juristischen Personen;* Gierke, *Genossenschaftsrecht* et *Genossenschafts theorie;* Kuntze, *Ihering Windscheid Brinz*, 1893.

(2) Est-il nécessaire de rappeler une autre théorie allemande aujourd'hui abandonnée, celle des *Zweckvermoegen* ou *biens-buts*, soutenue jadis par Brinz, *Pandekten*, 2e édit., I, p. 213; Demelius, *Jahrbucher für dogmatik*, IV, 113; Windscheid, *Pandekten*. 49, 53, n° 2, § 7; Becker, *Goldschmidts Zeitschrift der gesammten Handels rechts*, IV, 499; *Jahrbucher für Dogmatik*, XII, p. 1. D'après cette théorie, qui d'ailleurs ne s'appliquait qu'aux fondations, qui par

C. Lorsque le milieu social a accepté la personnalité morale
des corps et communautés, il est logique qu'il leur reconnaisse
une personnalité juridique, car cela est pour la stabilité des
relations et nous savons que la création du statique est la
grande affaire de la conduite sociale. Aussi n'y a-t-il sur ce
point aucune difficulté théorique, tout l'effort de la controverse
porte sur le fondement de la personnalité morale, sur sa réalité, mais une fois cette réalité reconnue, la personnalité juridique s'ensuit.

Tout au plus pourrait-on se demander si cette personnalité
juridique doit, ou non, être conçue comme semblable à celle
des individus. En fait elle est semblable, accompagnée d'un
patrimoine qui est son signe extérieur le plus certain ; compor-
tant, sauf exception, la jouissance des mêmes droits. On pourrait se demander aussi si la personnalité juridique doit être la
même pour tous les corps et communautés. Oui, en principe,
mais l'examen de cette question nous entraînerait trop loin.

Il est un point toutefois sur lequel nous devons insister. Du
moment que la personnalité juridique s'appuie sur la personnalité morale et que nous donnons à celle-ci une base représentative, nous la donnons par là même à la personnalité juridique. Dès lors, il devient nécessaire de dire comment la
jouissance et l'exercice des droits corporatifs s'explique « représentativement ». C'est un détail où l'on descend volontiers
dans la doctrine allemande ; la jouissance des droits y porte
le nom de *rechts fähigkeit*, l'exercice des droits, celui de *hand-
lungs fähigkeit.*

Que la jouissance des droits corporatifs soit considérée
comme se fixant dans la personne juridique collective, c'est

---

conséquent était beaucoup plus étroite, la personnalité morale trouvait son
fondement dans l'affectation d'un bien à un but par la volonté d'un fondateur.
Nous avons vu plus haut (p. 153) que cette affectation ne suffit même pas à
constituer l'individualité de la fondation ; à plus forte raison ne saurait-elle
constituer la personnalité. Il ne sert à rien d'invoquer la volonté initiale du
fondateur ; les représentations mentales qui soutiennent une personnalité morale doivent remplir une première condition essentielle qui est d'être *actuellement
vivantes*, car la personnalité est vivante.

le résultat d'une opération mentale qui nous est familière. Les droits, nous l'avons vu au texte (p. 110), sont essentiellement des représentations; les droits corporatifs sont justement les représentations au sujet desquelles s'est créée entre les membres de la corporation l'unanimité représentative. Du moment que l'unité représentative donne naissance à un être nouveau, la personne, il est conforme à nos habitudes d'esprit, par une sorte d'interversion des effets et des causes, de regarder comme des attributs de la personne les droits, c'est-à-dire les représentations, qui au fond la constituent. Nous n'agissons pas autrement lorsque nous attribuons à notre propre personnalité morale des facultés qui sont, au fond, des qualités des représentations mentales dont l'unanimité constitue cette personnalité. Ainsi se trouve expliquée la jouissance des droits.

Quant à la capacité de l'exercice des droits, il semble bien que la personne juridique collective ne puisse l'avoir que par un détour, car l'exercice des droits suppose des actes juridiques et par ces actes, qui ont toujours quelque élément matériel, on rentre dans la série des mouvements physiques qui nécessitent des individualités physiques; or, la personne morale collective n'a point à son service d'individualité physique, elle n'a qu'une individualité sociale. — La doctrine allemande de la *Willens Theorie* me paraît avoir échoué dans la recherche du détour nécessaire, car, ou bien elle ramène l'exercice des droits à des actes de volonté, ce qui méconnaît l'élément matériel de l'acte juridique; ou bien elle considère les organes de la corporation comme des organes physiques, mais alors ce sont des parties physiques d'un tout qui n'est point physique, des organes physiques d'un organisme dont l'individualité est purement sociale; ce qui implique contradiction. — Notre théorie représentative fournit un bien meilleur détour. Il s'agit de montrer que la personne morale collective a la capacité de se procurer des individualités physiques qui accomplissent en son nom les actes juridiques en ce qu'ils ont de matériel. Elle se les procure en se créant des représentants. D'une part, ces représentants une fois créés mettent tout naturellement leur individualité physique à son service; il est indifférent dans la

représentation, que le délégant ait ou n'ait pas d'individualité
physique, la délégation se produit de personne à personne et
il suffit que le délégué ait une individualité physique pour accomplir les actes. D'autre part, le fait même de la constitution
des premiers représentants ou le fait que tous les membres de
la corporation se considèrent comme des représentants de celle-
ci, ce fait juridique initial n'exige lui non plus aucune individualité physique chez la personne morale délégante, car la représentation est un fait juridique qui peut jaillir spontanément de
l'unanimité de pensée une fois créée. C'est pour ainsi dire cette
unanimité qui d'elle-même se détermine à l'action. Elle peut
se déterminer à l'action directement en la personne du représentant, témoin la gestion d'affaire. Ici elle se détermine à
l'action en la personne de tous les membres actuels de la corporation, mais comme il faut qu'elle conserve son caractère
d'unanimité, la détermination est attribuée à la personne
morale elle-même sous la forme de capacité de déléguer.

III. Une théorie des personnes morales n'est complète que si
elle définit les rapports qui doivent exister entre les corps et
communautés et l'État. Sans entrer sur ce point dans de grands
développements, nous devons établir quelques principes fondamentaux. L'État étant à la fois un organisme politique et l'interprète du Droit, les corps et communautés étant aussi de leur
côté à la fois des organismes et des personnalités juridiques, il
peut s'établir des rapports organiques et des rapports juridiques.

A. Les rapports organiques entre l'État et les corps et communautés sont de nature politique ou économique; ils intéressent l'équilibre des forces nationales. A ce point de vue,
suivant les époques, suivant l'ensemble de l'organisation
sociale et le développement du régime d'État, on conçoit que
celui-ci ait à lutter contre les corps et communautés ou à les
favoriser. La liberté d'association, la liberté des corporations,
la liberté des fondations, sont en un certain sens des limites
pour les autres libertés individuelles dont l'État est le gardien;
il est légitime que le gouvernement ne les accorde qu'à bon
escient et en les entourant de précautions. On ne peut formu-
ler en cette matière que des jugements historiques.

B. Les rapports juridiques entre l'État et les corps et communautés sont d'un autre ordre et peuvent être déterminés d'une façon moins relative. En tant qu'interprète ou gardien du Droit, l'État ne crée pas, il se borne à constater. La législation n'invente point, elle revêt simplement d'une formule les institutions telles qu'elles sont nées dans le milieu social. Si donc la politique de l'État admet la formation des corps et communautés, la législation de l'État doit admettre *de plano* la personnalité juridique de ces corps, puisque c'est une institution qui se crée spontanément dans le milieu social. Assurément il y a des précautions à prendre. La législation doit exiger que l'individualité de l'établissement soit certaine; elle peut prescrire des enquêtes pour s'assurer que dans cette individualité une personnalité morale est née; si des délais sont nécessaires il est légitime qu'on les introduise et qu'il y ait ainsi une procédure *en constatation de personnalité;* sauf le cas où l'établissement appartient à une catégorie pour laquelle l'expérience est faite depuis longtemps.

Ce qui est inadmissible, c'est que la législation confère au gouvernement de l'État la mission de *créer* la personnalité des corps et communautés, ce qui suppose que cette personnalité est créée, non même pas par la loi, mais par l'administration. Outre que cette pratique engendre une situation anarchique, parce que, parmi des institutions similaires, les unes ont la personnalité, les autres ne l'ont pas, selon les caprices de la politique, il y a dans le système ce vice fondamental que la mission juridique de l'État est mise ainsi au service de ses intérêts politiques. C'est une confusion tout à fait condamnable de l'organique et du représentatif.

Ce régime de la création administrative est pourtant le régime français. Il est clair que c'est une arme politico-économique; le gouvernement s'est aperçu qu'il ne pouvait pas d'une façon efficace s'opposer à l'organisation même des corps et communautés, que leur individualité organique échappait à son action à moins d'employer des moyens violents qui ne sont plus dans nos mœurs; alors il s'est rejeté sur la création de la personnalité; il la refuse le plus souvent et gêne ainsi le fonctionnement des institutions qui lui déplaisent. Ce qu'il y a de plus regrettable c'est que ce procédé gouvernemental ait immédiatement trouvé un appui et une justification dans la doctrine de la personnalité fictive. Des générations de jurisconsultes se sont succédées auxquelles il a paru naturel que le gouvernement eût la création arbitraire de la personnalité juridique, *puisque celle-ci était fictive* (1).

L'école « représentative » estimera que si le gouvernement ne peut plus en fait empêcher la constitution d'individualités corporatives, c'est sans doute que le moment historique est venu d'une limitation corporative de l'État, que celui-ci va être obligé de concéder la liberté d'association et de corporation sous de certaines réserves. Mais, quant à la personnalité morale et à la personnalité juridique des corps et communautés constitués, elle affirmera qu'elles ne sauraient être l'objet d'une création gouvernementale, car elles se dégagent spontanément du milieu social (2).

---

(1) Cf. Aubry et Rau, 4° édit., t. I, p. 185 ; Laurent, *Traité de droit civil*, t. I, n° 288 ; Huc, *Traité de droit civil*, t. I, n° 210 ; Houques-Fourcade (Baudry), t. I, n° 296 ; Weiss, *Traité de droit international*, p. 143 ; Ducrocq, *Droit administratif*, t. II, n° 1336 ; F. Laferrière, *Droit public et adm.*, t. I, p. 910 ; Batbie, *Droit adm.*, t. V, n° 1 ; Piébourg, *De la condition des personnes civiles*, 1875 ; Sainctelette, *Des personnes morales (Revue critique*, 1885, t. XIV, p. 244) ; Théodore Tissier, *Traité des dons et legs*, n° 39 et suiv. ; Fuzier-Herman, *Code civil annoté*, art. 7, n° 13, etc., etc.

C'est à peine si une réaction commence à se dessiner contre cette opinion régnante. V. Michoud, *De la responsabilité de l'État (Revue du droit public*, 1895, n° 3 et suiv.) ; Saleilles, *Histoire des sociétés en commandite (Annales de droit commercial*, 1895 et 1897) ; Capitant, *Introduction à l'étude du droit civil*, p. 107 et suiv. Sur la façon dont l'opinion régnante a pu s'établir, consulter Vauthier, *Les personnes morales*, et Capitant, *op. cit.*

(2) On nous objectera que le gouvernement français ne pratique pas la *création* de la personnalité juridique des corps et communautés mais seulement la *concession* de cette personnalité : nous répondrons que la concession, dans les conditions d'arbitraire où elle est pratiquée, équivaut à une création ; il ne faut pas se laisser tromper par les mots. Certes, nous accepterions la concession gouvernementale si elle n'était que *l'organisation* de la personnalité, le principe de celle-ci étant reconnu, et si elle n'était que la conclusion d'une procédure réglée par la loi ; mais nous sommes loin de cet état de choses.

TROISIÈME APPENDICE

Essai de classification des sciences.

On a essayé à diverses reprises de fonder une classification des sciences, non pas sur les objets des sciences, mais sur la façon dont celles-ci envisagent leur objet. C'est ainsi que Spencer a distingué des sciences concrètes, des sciences abstraites et des sciences abstraites-concrètes (1).

Ces classifications n'étaient point complètes en ce qu'elles ne faisaient aucune place satisfaisante aux sciences de la conduite. Je crois que la trilogie à laquelle nous avons été amenés : mouvement, représentation du mouvement, conduite du mouvement, est de nature à servir de base à une répartition plus vraie

1° Il y a de .:iences d'observation du mouvement et de toutes les formes d'existence qu'il engendre, elles correspondent aux sciences concrètes de Spencer, leur méthode est inductive ;

2° Il y a des sciences « représentatives » qui correspondent aux sciences abstraites ou abstraites-concrètes de Spencer, leur méthode est déductive. Les sciences mathématiques sont de cette catégorie; la métaphysique et la logique également;

3° Enfin il y a des sciences de la conduite dont la méthode est à la fois inductive et déductive. Il y en a de deux catégories : d'une part, la thermodynamique pour les mouvements physiques; je définirai en effet la thermodynamique « la science

---

(1) Spencer, *Classification des sciences*. Cfr. Giddings, *Principles of sociology*, 1896, ch. II.

SCIENCES déterminées par leur objet.	MODE organique ou inductif.	MODE REPRÉSENTATIF.	MODE relatif à la conduite.
I. — Groupe des Sciences physiques :			
1° Astronomie..........	Astronomie d'observation.	Astronomie mathématique.	Astronomie thermodynamique.
2° Physique............	Physique d'observation.	Physique mathématique.	Physique thermodynamique.
3° Chimie...............	Chimie d'observation.	Chimie mathématique.	Chimie thermodynamique.
4° Biologie	Biologie d'observation.	Biologie mathématique.	Biologie thermodynamique.
— Physiologie..........	— Physiologie d'observation.	— Physiologie mathématique.	— Physiologie thermodynamique.
II. — Groupe des Sciences morales :			
1° Psychologie..........	Psychologie d'observation.	Psychologie mathématique. (psycho-physique) — Psycho-logique. — Psycho-métaphysique.	Psychologie morale.
2° Sociologie	Sociologie d'observation.	Sociologie mathématique. — logique (logique-sociale). — métaphysique.	Sociologie morale.
— Économie politique ...	— Économie politique d'observation.	— Économie politique mathématique — logique. — métaphysique.	— Économie politique morale. (économie sociale).

de la conduite des mouvements physiques » ; d'autre part la morale et le droit pour les mouvements sociaux. La méthode de la morale et du droit est certainement à la fois inductive et déductive, les principes moraux et juridiques sont donnés par l'observation du représentatif social, ils sont ensuite organisés par déduction. La méthode de la thermodynamique est également en partie inductive, ainsi l'impossibilité du mouvement perpétuel est une induction basée sur l'expérience, le principe de Mayer et celui de Clausus sont dans le même cas ; à côté de cela, la thermodynamique est largement mathémathique, c'est-à-dire déductive.

En définitive, le « scientifique » comprend trois modes : l'organique ou l'inductif, le représentatif, le mode de la conduite.

Si, après cela, nous distinguons les sciences d'après leur objet et si nous combinons cette distinction avec le mode inductif, le mode représentatif et le mode relatif à la conduite, nous obtenons le tableau ci-dessus (voir page 164) qui n'est dressé d'ailleurs qu'à titre d'indication.

Les mêmes principes de classification s'appliqueront aux arts, car dans tout art, il y a :

1° Le mode empirique qui consiste dans l'observation directe et naïve du besoin artistique ;

2° Le mode représentatif qui consiste dans la culture d'un idéal classique ;

3° Le mode de la conduite qui consiste dans l'esprit de finesse de l'artiste, c'est-à-dire dans la combinaison très personnelle qu'il fait de l'idéal classique et du besoin artistique.

QUATRIÈME APPENDICE

De l'énergétique sociale.

Les exigences du sujet ne m'ont pas permis de développer au texte l'énergétique sociale autant qu'il aurait convenu. C'est cependant une matière d'autant plus intéressante que l'on peut invoquer des analogies très directes puisées dans l'énergétique physiologique que les travaux de M. A. Chauveau ont définitivement fondée (1) :

1° De même que le muscle se met à l'état de tension ou d'élasticité pour équilibrer la charge, de même une société ou une institution sociale se met à l'état de tension pour équilibrer les besoins ;

2° De même que dans le muscle l'élasticité est obtenue par le sacrifice continu d'une forme d'énergie appropriée, le glycogène ; de même, dans l'organisme social, elle est obtenue par des sacrifices continuels d'une forme d'énergie également appropriée « le pouvoir » lequel est, selon une remarque faite au texte (p. 50), une forme « représentative » du potentiel ;

3° De même que dans les organismes vivants la glycogénie est assurée à la fois par des appareils spéciaux et par l'ensemble des fonctions organiques, de telle sorte qu'on peut dire que la principale tendance d'un organisme est d'assurer sa propre élasticité ; — de même, dans les organismes sociaux, la production du pouvoir, surtout sous la forme richesse, est assu-

(1) A. Chauveau, *Du travail physiologique et de son équivalence*, Revue scientifique 1888 ; *Le travail musculaire*, Paris, Asselin, 1891 ; Laulanié, *Énergétique musculaire*, collection Léauté, 1898.

rée à la fois par des appareils spéciaux et par l'ensemble des fonctions sociales, de telle sorte qu'on peut dire que la principale préoccupation d'un organisme social est d'assurer sa propre élasticité en engendrant continuellement du pouvoir qui puisse être sacrifié ;

4° La production, la circulation, la consommation du pouvoir interne, la création des relations nécessaires pour assurer la perpétuelle tension interne d'un organisme social, constituent le véritable travail de cet organisme qui est ainsi un travail interne. Quant au service extérieur rendu, à l'action extérieure exercée par l'organisme social, ils sont surérogatoires. On peut dire d'une institution sociale quelconque, qu'elle fonctionne avant tout pour elle-même, très accessoirement pour le service qu'elle doit rendre au public (1). C'est ainsi que le véritable travail physiologique consiste dans la glycogénie, dans la répartition et la consommation du glycogène qui assurent l'élasticité musculaire. Au demeurant, les organismes sociaux et les organismes vivants sont des « systèmes » mécaniques qui doivent dépenser un travail continuel pour se maintenir à l'état de systèmes ;

5° Ces observations donnent un sens très intéressant à l'économie politique, si l'on songe que les richesses dont elle étudie la production, la circulation, la répartition, la consommation sont la forme la plus importante de ce pouvoir dont la production et la consommation assurent l'élasticité sociale. En réalité, l'économie politique est la science de l'énergétique sociale. — La consommation des richesses est le fait qui doit la préoccuper le plus, puisque c'est celui qui assure le plus immédiatement la tension sociale. La théorie de la valeur est bien sa théorie centrale, puisque la valeur des richesses n'est autre chose que la contribution qu'elles sont susceptibles d'apporter à la tension sociale, soit par leur consommation immédiate, soit par cette consommation différée et libre que représentent les droits sur les choses, notamment le droit de propriété ;

_____

(1) C'est-à-dire que le bien public n'est jamais envisagé que comme lié à des intérêts particuliers.

6°·Il est à remarquer que dans le travail social il se dégage
des représentations mentales qui s'emploient à le régir, qui
règlent la contribution de chaque individualité humaine au
travail et sa participation dans la répartition des produits de ce
travail. Ce « représentatif » qui donne naissance notamment
à l'*économie sociale*, tend à modifier la structure sociale de façon à améliorer la situation de l'individu dans le sens d'une
plus grande liberté; il exerce dans ce but une véritable conduite et il crée des équilibres statiques (Cfr. Sixième leçon). Il
est à croire que dans le travail physiologique la chaleur qui se
dégage, et qui est à mon avis une énergie représentative, n'est
pas non plus complètement perdue pour l'organisme; une partie
tout au moins doit en être retenue par celui-ci; elle doit exercer là son influence régissante, tendre à améliorer la situation
des individualités cellulaires et à créer des équilibres statiques. On s'expliquerait ainsi la supériorité des organismes à
sang chaud sur les organismes à sang froid (Cfr. Chauveau,
Le travail musculaire, Paris, Asselin, 1891 ; article Laulanié,
Revue scientifique du 27 juin 1891). Le véritable objet de la
thermodynamique musculaire ne serait donc pas seulement la
vérification du principe de Mayer, l'équivalence de la chaleur,
il serait plus élevé, il viserait la création des statiques mus-
culaires, c'est-à-dire la raison profonde de l'état des tissus.
Il n'y aurait pas seulement l'élasticité du tissu au point de vue
énergétique, il y aurait l'élasticité au point de vue statique.

NOTES ET ÉCLAIRCISSEMENTS

(1) Page 7, ligne 16. — « Nous verrons en effet que le mouvement physique se transforme en des énergies représentatives, dont la principale est la chaleur, et que les énergies représentatives, à leur tour, se retransforment en mouvement ».

Ce passage et les autres similaires très nombreux, notamment dans la quatrième leçon, ou bien encore les passages où je parle d'énergies de mouvement pour les opposer aux énergies représentatives, contiennent une incorrection au point de vue du langage scientifique : le mouvement n'est pas par lui-même une énergie, c'est le *travail mécanique* effectué par le mobile pendant son mouvement qui constitue l'énergie transformable ; il aurait donc fallu dire en réalité : « le travail mécanique effectué dans les mouvements physiques se transforme en chaleur et la chaleur se retransforme en travail mécanique ». — Mais cela m'eût amené à parler du travail mécanique social ; j'ai redouté cette expression alors que celle de « mouvement social » commence à être consacrée par l'usage.

(2) Page 8, ligne 22. — « La notion du mouvement est inséparable de celle de la force ou de l'énergie qui se dégage dans le mouvement ». Il faut observer : 1° qu'il n'est pas toujours vrai que le mouvement soit accompagné d'un dégagement de force ; dans le mouvement uniforme le mobile n'est soumis à aucune force ; 2° que la notion de force et celle d'énergie ne se confondent point dans un langage scientifique exact, l'énergie étant interne par rapport à un système et la force externe.

(3) Page 9, ligne 15, exposé du système énergétique, au lieu de *force*, lire *énergie*.

(4) Page 14 et suiv. Mesure du mouvement social par la cote à la Bourse des valeurs. L'état social étant fonction des trois variables : population, langage, crédit ; ces trois variables elles-mêmes étant

fonction du temps ; la cote à la Bourse étant la mesure de l'une des trois variables, le crédit, et, grâce à l'extension du crédit, se trouvant être la mesure des autres variables, la hausse ou la baisse de la cote peut bien être comparée à une *différentielle* applicable à la vitesse des transformations de l'état social.

(4) Page 22, ligne 23. Au lieu de $\left(t = \dfrac{m \sqrt{2}}{2} \right)$ lire $\left(t = \dfrac{m V^2}{2} \right)$ même coquille à la page suivante, ligne 12.

(5) Page 23, ligne 19, au lieu de *potentiel*, lire *énergie potentielle;* faire la même correction dans toute la suite de l'ouvrage. De même on ne fait pas habituellement en physique la distinction des énergies potentielles, de position, d'accumulation, de tension, atomiques, qui dans le cas actuel semble justifiée.

(6) Pages 25 et 26. Définition du travail social, combiner ce passage avec le quatrième appendice sur l'énergétique sociale ; il résulte de cette combinaison que le travail social consiste essentiellement « dans la création continuelle de certaines formes de pouvoir destinées à être sacrifiées en consommations individuelles pour assurer la tension ou l'élasticité sociale ; en d'autres termes, que le travail social consiste « en la création de valeurs ». Tel est l'objet direct du travail social indépendamment des complications représentatives.

(7) Page 31 et s. Principe de la conservation de l'énergie. Il n'y a que l'ensemble du monde social qui puisse être considéré comme un système fermé ; si on applique à un tel système le principe de la conservation de l'énergie sous la forme suivante : « la variation d'énergie totale d'un système pendant une transformation est égale et de signe contraire au travail extérieur effectué » on arrive à des conséquences intéressantes :

Prenons par exemple une entreprise industrielle ; le patron et ses ouvriers forment un petit système dans le grand possédant une certaine dose d'énergie, ce système travaille pour produire des marchandises, son énergie diminue d'une quantité égale au travail produit. La marchandise qui a reçu du travail éprouve un gain d'énergie équivalent. L'énergie perdue par le système industriel, patron et ouvriers, s'est incorporée dans la marchandise, dont elle constitue en partie *la valeur d'échange* (1). Cette énergie est sous une forme inutilisable pour l'industriel ; elle le resterait indéfiniment si la marchandise res-

---

(1) En partie seulement, parce que la valeur est une notion finaliste essentiellement liée au besoin qu'il y a d'entretenir la tension sociale et par suite essentiellement liée à la consommation (V. p. 167).

tait en magasin. Pour récupérer l'énergie qu'il a perdue, l'industriel met sa marchandise en rapport avec le milieu extérieur qui l'absorbe, mais rend en échange de l'argent qui est une énergie potentielle d'une autre forme, susceptible de donner lieu elle-même à une production de travail. — Il peut se faire que dans cette opération l'énergie rendue par le milieu extérieur ne soit pas égale à celle qui est incorporée dans la marchandise : c'est une perte ou un gain pour l'industriel, mais ce qu'il perd c'est le milieu extérieur qui le gagne ou réciproquement, de telle sorte que l'énergie de l'ensemble reste constante. Finalement la marchandise sera consommée, mais son énergie ne sera pas perdue pour cela, elle se retrouvera sous forme de jouissance ou d'énergie représentative intellectuelle, susceptible, elle aussi de développer du travail.

(8) Page 50, ligne 16. « Les énergies sociales fournissent la notion représentative de pouvoir ». Étant donnée la distinction de l'énergie et de la force indiquée à la note (2) le pouvoir est tantôt la représentation d'une énergie, tantôt celle d'une force, suivant qu'il est envisagé comme constituant la capacité intérieure d'un système social de fournir du travail, ou comme permettant à un système social d'exercer une action sur un autre. Ainsi la richesse considérée uniquement chez le riche, à titre de chose possédée par lui, est une énergie potentielle ; le capital prêté à une entreprise est plutôt une force, parce qu'il donne au capitaliste action sur l'entreprise ; richesse et capital sont deux formes du pouvoir.

(9) Page 67, principe de l'équivalence. Est-il besoin de faire observer que le principe de Mayer, qui est purement quantitatif et qui a pour but de déterminer l'équivalent mécanique de la chaleur, n'indique point l'ordre dans lequel se produisent les phénomènes de transformation du travail mécanique en chaleur ou de la chaleur en travail mécanique? C'est par une application anticipée du principe de l'augmentation de l'entropie que je raisonne sur les transformations qui se produisent dans cet ordre : travail mécanique, dégagement de représentatif, qui me semble être l'ordre normal.

(10) Page 90, ligne 9. Même observation qu'à la note précédente.

TABLE DES MATIÈRES

PREMIÈRE LEÇON
Le mouvement social.

Pages.

SOMMAIRE. — Objet des leçons : analogies à puiser dans la mécanique rationnelle et la thermodynamique pour appuyer la théorie d'après laquelle il y aurait dans la vie sociale à la fois du mécanisme et de la liberté. — I. Le mouvement social. — A. Distinction du mouvement social et de la représentation du mouvement social. — B. Le mouvement, les énergies, les atomes; le système de Hertz, le système énergétique, le système des forces centrales atomiques. — C. Développements sur le mouvement social ; a) nature de ce mouvement; b) le mobile état social; c) l'espace social; d) la direction et la mesure du mouvement social, la valeur, la cote à la Bourse, sorte de *différentielle*. — D. Application au mouvement social des principes de l'inertie, des mouvements relatifs, de l'égalité de l'action et de la réaction.. 1

DEUXIÈME LEÇON
Le mouvement social (*Suite*).

SOMMAIRE... — II. L'énergétique sociale; les diverses formes de l'énergie sociale circulante, potentiel, vitesse acquise, énergie totale. — A. Le potentiel social, potentiel de position, potentiel d'accumulation (inventions et richesses), potentiel de tension, potentiel individuel. — Du travail développé par le potentiel. — B. La vitesse acquise en matière sociale ; la notoriété fonction de la vitesse acquise; la vitesse acquise due à la coopération des énergies du milieu. — C. La transformation du potentiel social en vitesse acquise et inversement. — Application du principe de la conservation de l'énergie et du principe de la moindre action.

III. — Les forces individuelles des hommes : a) le désir, énergie organique; b) la croyance, énergie représentative ; c) la volonté, énergie de conduite. — similitudes et différences des hommes comme sources de forces — polarisation égoïste ou altruiste des forces individuelles.   21

TROISIÈME LEÇON
La représentation du mouvement social.

SOMMAIRE. — I. Explication de ce qu'on entend par représentation du mouvement social; ce n'est pas la conscience du mouvement, mais le concept ou l'idée du mouvement; avantages pratiques de la position ainsi prise.

II. La représentation du mouvement social est scientifique ou idéaliste, ce qui équivaut à mécaniste ou non mécaniste. — A. La double représentation des énergies individuelles : individualité et personnalité; intérêt et droit. — B. La double représentation des énergies sociales circulantes, la double notion du pouvoir : contrainte et liberté. — C. La double représentation du mouvement social proprement dit, évolution et progrès.

III. La représentation du mouvement social est comparable aux phénomènes d'ordre thermique; la chaleur-lumière est une énergie représentative des formes du mouvement...................................... 41

QUATRIÈME LEÇON
La conversion du mouvement social en énergie représentative et inversement.

SOMMAIRE. — I. La conversion du mouvement social en énergie représentative. Analogies avec la conversion du mouvement physique en chaleur. — A. Dégagement de représentations mentales en cours de travail social analogue au développement de chaleur en cours de travail mécanique; dégradation des énergies du travail social. — B. Application : 1° Du principe de l'impossibilité du mouvement perpétuel; 2° Du principe de Mayer, l'équivalence de la chaleur devient l'équivalence du « représentatif »; phase active des peuples et phase représentative.

II. La Conversion des énergies représentatives en mouvement social, analogies avec la conversion de la chaleur en mouvement. — A. contribution des énergies représentatives répandues dans le milieu social aux mouvements sociaux; analogie avec la contribution apportée par la chaleur et la lumière épandues dans les milieux physiques aux mouvements physiques. — B. Mouvement social engendré par les systèmes d'idées représentatives; analogie avec le mouvement physique engendré par les machines thermiques : formation d'un système d'idées destiné à devenir une force; il doit s'enfermer en une institution qui est comme le vase clos de la machine thermique;

faible rendement de ces machines sociales; de la température dans
ces machines sociales; la vérité des représentations est ce qui constitue la température; application du principe de Carnot, le maximum
de rendement se trouve dans les situations proches du réversible.
III. Renvoi à la sixième leçon du principe de Clausius, l'augmentation
de l'entropie.. 61

CINQUIÈME LEÇON

La solidarité organique et la solidarité représentative.

Sommaire. — Rapprochement entre la solidarité sociale et les liaisons
mécaniques; classifications possibles.
I. La solidarité organique fondée sur la force de désir et sur la circulation énergétique; elle se caractérise par la matérialité et la contrainte.
II. La solidarité représentative. — A. Elle s'établit par l'unanimité dans
les représentations mentales, donc elle s'appuie sur la force de
croyance et sur l'énergie représentative des concepts; a) elle s'accuse en des idées communes; b) elle aboutit au fait de la représentation juridique et lui donne de la réalité; c) elle est pénétrée de
liberté; d) la solidarité représentative ne se confond pas avec le
contrat social. — B. Analogie de la solidarité représentative avec
les liaisons invisibles de Hertz.
III. — A. La solidarité organique et la représentative sont complémentaires; l'une constitue l'individualité des corps sociaux, l'autre est
la base de la personnalité morale; développements sur la personnalité morale. — B. Les deux formes de solidarité sont en réaction
perpétuelle; analyse du régime représentatif en politique; l'organisme
intervient dans le procédé de la majorité; distinction de la fonction
et du mandat public; véritable notion du droit électoral; erreur de
Rousseau sur le souverain organe collectif; la souveraineté électorale
est représentative, c'est-à-dire personnelle.
IV. Conciliation « historique » entre la solidarité organique et la représentative : le phénomène de l'institution; il convient aussi de
chercher une conciliation « actuelle »; transition à la leçon suivante.   81

SIXIÈME LEÇON

La solidarité de la conduite.

Sommaire. — I. La conduite du mouvement social et la solidarité de la
conduite. — A. Faits par lesquels se révèle la solidarité de la con-

duite, la morale, le droit, le gouvernement, l'administration. — B. La
conduite consiste à conformer le mouvement à la représentation du
mouvement; élément utilitaire et élément libre de la conduite. — C.
La conduite est orientée vers la liberté : *a*) La création du statique
social est le premier moyen de la conduite pour assurer la liberté;
théorie de la situation d'état; analyse de la propriété; rôle de l'organique et du représentatif dans la création du statique; autres exemples.
b) Le renouvellement du statique est le second moyen de la conduite pour assurer la liberté; les idéals statiques se succèdent dans
le sens de la liberté maxima, c'est-à-dire de la liberté dans l'égalité,
c'est-à-dire encore dans le sens de la justice. *c*) Toutefois, impossibilité croissante des nouvelles transformations dans les sociétés où la
solidarité de la conduite se développe.

II. La conduite du mouvement physique. — A. Il y a aussi dans le
monde physique une création de statique. — B. Il y a aussi une ascension graduelle des créations statiques dans le sens de la liberté
des éléments. — C. Cela décèle une conduite du mouvement. *a*) La
doctrine de l'évolution a essayé d'expliquer la création du statique
par le seul mouvement; *b*) insuffisance de ses explications, elle ne
tient pas compte du rôle des énergies représentatives; *c*) le principe
de la dissipation de l'entropie prouve qu'il y a une conduite du mouvement, c'est-à-dire que les énergies de mouvement sont régies par
les énergies représentatives; l'entropie n'est pas relative à la fin du
monde, mais à la création du statique; elle est un principe de liberté.

III. Conclusions de ces leçons. Conciliation pratique du mécanisme et
de la liberté dans la conduite; rappel des analogies scientifiques constatées. — Cette conciliation fait au Droit et à la morale la place
d'honneur qui leur revient, la sociologie redevient scientifiquement une
science morale; cette conciliation est préférable à celles proposées
par M. Fouillée et par M. Bernès. Elle entraîne un corollaire important sur la nature de la loi et sur celle de l'autorité............... 103

APPENDICES

Premier appendice. — De la nécessité d'une école de droit repré-
sentative.................... 133
Deuxième appendice. — Du fondement de la personnalité morale . . 144
Troisième appendice. — Essai de classification des sciences 163
Quatrième appendice. — De l'énergétique sociale. 166
Notes et éclaircissements. 169

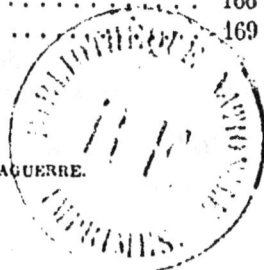

BAR-LE-DUC. — IMPRIMERIE CONTANT-LAGUERRE.

REVUE
D'ÉCONOMIE POLITIQUE
(13ᵉ ANNÉE)

COMITÉ DE DIRECTION :

Paul CAUWÈS,
Professeur à la Faculté de droit de Paris.

Charles GIDE,
Professeur à la Faculté de droit de Paris.

Dr Eugen SCHWIEDLAND,
Vienne.

Edmond VILLEY,
Doyen de la Faculté de droit de Caen,
Correspondant de l'Institut.

Raoul JAY,
Professeur-adjoint à la Faculté de droit
de Paris.

Auguste SOUCHON,
Professeur agrégé à la Faculté de droit
de Paris.

SECRÉTAIRES DE LA RÉDACTION

PRINCIPAUX COLLABORATEURS :

MM. **d'Aulnis de Bourouil**, professeur à l'Université d'Utrecht. — **de Bœck**, professeur à la Faculté de droit de Bordeaux. — **de Böhm-Bawerk**, ancien ministre des Finances, Vienne. — **Brentano**, professeur à l'Université de Munich. — **Bücher**, professeur à l'Université de Leipzig. — **Clark**, professeur à Columbia University de New-York. — **Denis**, professeur à l'Université de Bruxelles. — **Duguit**, professeur à la Faculté de droit de Bordeaux. — **Fournier de Flaix**, publiciste. — **Foxwell**, professeur à University College de Londres. — **François**, publiciste à Douai. — **Garnier**, professeur à la Faculté de droit de Nancy. — **Issaïev**, professeur au Lycée Alexandre à Saint-Pétersbourg. — **Larnaude**, professeur à la Faculté de droit de Paris. — **Levasseur**, membre de l'Institut. — **Mahaim**, chargé de cours à l'Université de Liège. — **Du Maroussem**. — **Mataja**, conseiller au ministère du Commerce à Vienne. — **Menger**, professeur à l'Université de Vienne. — **Mongin**, professeur à la Faculté de droit de Dijon. — **Nitti**, agrégé à l'Université de Naples. — **Piernas**, professeur à l'Université de Madrid. — **Rabbeno**, professeur à l'Université de Modène. — **Rougier**, professeur à la Faculté de droit de Lyon. — **Sauzet**, député. — **Schmoller**, professeur à l'Université de Berlin. — **Turgeon**, professeur à la Faculté de droit de Rennes. — **Walras**, professeur à l'Université de Lausanne. — **Wuarin**, professeur à l'Université de Genève.

*Cette revue paraît tous les mois par livraisons
de 6 feuilles grand in-8°*

ABONNEMENT ANNUEL : France : **20** francs. — Étranger : **21** francs

Les 12 premières années parues et l'abonnement à 1899, *franco :* **220** fr.

COURS D'ÉCONOMIE POLITIQUE

CONTENANT AVEC L'EXPOSÉ DES PRINCIPES L'ANALYSE DES QUESTIONS
de législation économique

Par Paul CAUWÈS

PROFESSEUR D'ÉCONOMIE POLITIQUE A LA FACULTÉ DE DROIT DE PARIS

4 volumes in-8°.................................. **40 fr.**

L'OUVRIER AMÉRICAIN

L'Ouvrier au Travail. - L'Ouvrier chez lui. - Les Questions Ouvrières

Par E. LEVASSEUR

MEMBRE DE L'INSTITUT, PROFESSEUR AU COLLÈGE DE FRANCE
ET AU CONSERVATOIRE DES ARTS ET MÉTIERS

2 volumes in-8°.................................. **20 fr.**

ÉTUDES

SUR LES

POPULATIONS RURALES DE L'ALLEMAGNE
ET LA CRISE AGRAIRE

Par Georges BLONDEL

DOCTEUR EN DROIT ET DOCTEUR ÈS-LETTRES, PROFESSEUR AGRÉGÉ DE L'UNIVERSITÉ

Avec la collaboration de **Charles BROUILHET**, Licencié ès-lettres, Docteur
en droit, chargé d'un cours d'Économie politique à l'Université de Montpellier; **Édouard JULHIET**, ancien élève de l'École polytechnique; **Lucien
de SAINTE CROIX**, Docteur en droit, secrétaire-rédacteur au Sénat; **Louis
QUESNEL**, ancien élève de l'École libre des sciences politiques, Avocat à
la Cour d'appel de Paris.

1 fort vol. in-8° de XII-522 pages, avec cartes et Plans. Prix: **12 fr.**

ÉLÉMENTS D'ÉCONOMIE POLITIQUE

Par Joseph RAMBAUD

PROFESSEUR D'ÉCONOMIE POLITIQUE ET DE LÉGISLATION FINANC. ÈRE
A LA FACULTÉ CATHOLIQUE DE DROIT DE LYON

1 volume in-8°.................................. **10 fr.**

ESSAI

SUR LA PROTECTION DU SALAIRE

ÉCONOMIE POLITIQUE ET LÉGISLATION COMPARÉE

Par Maurice LAMBERT

DOCTEUR EN DROIT, AVOCAT A LA COUR D'APPEL DE MONTPELLIER

Avec une Préface de M. Charles GIDE

1 volume grand in-8°.................................. **10 fr.**

PRINCIPES
D'ÉCONOMIE POLITIQUE
Par Charles GIDE
PROFESSEUR D'ÉCONOMIE POLITIQUE A LA FACULTÉ DE DROIT DE PARIS
Sixième édition, refondue et augmentée

1 volume in-18 de VIII-640 pages............ .... **6 fr.**

L'essor
industriel & commercial
du
Peuple Allemand
Par Georges BLONDEL
DOCTEUR EN DROIT, DOCTEUR ÈS-LETTRES, AGRÉGÉ DE L'UNIVERSITÉ
PROFESSEUR AU COLLÈGE LIBRE DES SCIENCES SOCIALES
ET A L'ÉCOLE DES HAUTES ÉTUDES COMMERCIALES DE PARIS
Deuxième édition

1 volume in-18 de VIII-406 pages.................. **3 fr. 50**

PRINCIPES DE COLONISATION
ET DE LÉGISLATION COLONIALE
Par Arthur GIRAULT
PROFESSEUR AGRÉGÉ A LA FACULTÉ DE DROIT DE L'UNIVERSITÉ DE POITIERS
MEMBRE ASSOCIÉ DE L'INSTITUT COLONIAL INTERNATIONAL

1 volume in-12 de 660 pages........................... **6 fr.**

COURS DE SCIENCE SOCIALE
LA SCIENCE SOCIALE TRADITIONNELLE
Par Maurice HAURIOU
PROFESSEUR A LA FACULTÉ DE DROIT DE TOULOUSE

1 volume in-8° de XII-432 pages.................... **7 fr. 50**

LEÇONS SUR LE MOUVEMENT SOCIAL
DONNÉES A TOULOUSE EN 1898
Par Maurice HAURIOU
PROFESSEUR A L'UNIVERSITÉ

1 volume in-8°.. **4 fr.**

SOCIALISTES ANGLAIS
Par Pierre VERHAEGEN
AVOCAT A LA COUR D'APPEL DE GAND

1 volume in-18 de 375 pages..................... **3 fr. 50**

BAILLET (Félix), *conseiller de préfecture honoraire, membre de la Société académique de Laon.* — **De l'association**, son influence sur le rapprochement de l'ouvrier et du patron. 1896, 1 broch. in-8°. . . . . . **4 fr.** »

BAILLET (Georges), *docteur en droit, avocat à la Cour d'appel de Paris.* — **Essai sur le Crédit agricole mobilier.** 1897, 1 vol. gr. in-8°. . . . . **4 fr.** »

BEAUMARCHAIS (Maurice de), *docteur en droit.* — **La doctrine de Monroë**, l'évolution de la politique des États-Unis au xixe siècle, 2e édition, revue et augmentée. 1898, 1 vol. in-8°. . . . . . . **6 fr.** »

BEAUREGARD (P.-V.). *professeur d'économie politique à la Faculté de droit de Paris.* — **Essai sur la théorie du salaire**, la main-d'œuvre et son prix. 1887, 1 vol. in-8°. . . . . **10 fr.** »

BESSON (Emmanuel), *sous-chef à la Direction générale de l'Enregistrement.* — **Les livres fonciers et la Réforme hypothécaire**, étude historique et critique sur la publicité des transmissions immobilières en France et à l'étranger depuis les origines jusqu'à nos jours (Prix Rossi, 1890). 1891, 1 vol. in-8°. . . . . **10 fr.** »

BODEUX (Michel), *substitut du procureur du roi à Verviers.* — **Études sur le contrat de travail.** 1896, 1 vol. gr. in-8°. . . . . . **8 fr.** »

BORAIN (Jules). — **Le Congrès des économistes à Bruxelles et le libre échange.** 1880, 1 br. in-8°. . . . . **1 fr.** »

— **Les Bilans commerciaux et le libre échange.** 1880, 1 broch. in-8°. . . . . **1 fr.** »

BOURGUIN (Maurice), *professeur à l'Université de Lille.* — **La mesure de la valeur et la monnaie.** 1896, 1 vol. grand in-8°, avec 4 tableaux graphiques (Extrait de la *Revue d'Économie politique*).. **8 fr.** »

BRUNO (M.-J. DUBRON), *docteur en droit, avocat.* — **Docks et Warrants ; Traité théorique et pratique du Magasin général**, 1 vol. gr. in-8°. . . . . **6 fr.** »

CLAPARÈDE (René). **TOYNBEE-HALL.** — Une colonie universitaire en Angleterre, 1 volume in-18, avec 4 photogravures, Prix. **1 fr.** »

CLAUDIO JANNET, *professeur à la Faculté libre de droit de Paris.* — **Le crédit populaire et les banques en Italie du XVe au XVIIIe siècle.** 1885, 1 br. in-8°. . . . . . · . . . . **1 fr. 50**

— **Les faits économiques et le mouvement social en Italie.** 1880, 1 br. grand in-8°. . . . . **2 fr.** »

COSSA (Louis), *professeur à l'Université de Pavie.* — **Premiers éléments d'économie politique**, traduction d'après la huitième édition par Louis Paoli, *bibliothécaire de la bibliothèque universitaire d'Alger*, revue par Charles Gide, *professeur d'Economie politique à la Faculté de droit de Paris.* 1889, 1 vol. in-18. . . . . . · . . . . **2 fr. 50**

DONAUD (Louis) *docteur en droit, ancien principal clerc d'avoué, vérificateur-rédacteur au Crédit foncier de France.* — **Les privilèges du Crédit foncier et les droits des tiers.** Étude théorique et pratique de l'influence sur les droits des tiers des privilèges accordés aux sociétés de crédit foncier pour la sûreté et le recouvrement des prêts hypothécaires. 1896, 1 vol. in-8°. . . . . **7 fr.** »

DUCROCQ (Th.), *professeur de droit administratif à la Faculté de droit de Paris.* **Études d'histoire financière et monétaire.** 1887, 1 vol. in-8°. . . . . **7 fr.** »

—· **Études de droit public.** 1887, 1 vol. in-8°. . . . · . . . . **7 fr.** »

DUMAS (Jacques), *docteur en droit.* — **Les lois ouvrières** devant le parlement anglais. 1896, 1 broch. grand in-8°. . . . . **2 fr. 50**

FELDMANN (Armand), *docteur en droit, avocat à la Cour d'appel de Paris.* — **De la garantie d'intérêt** due par l'État aux Compagnies de chemins de fer, 1894, 1 broch. in-8°. . . . . **2 fr. 50**

FERRETTE (Henry), *avocat, docteur en droit.* — **Étude historique sur l'intervention financière de l'État** dans l'établissement des lignes de chemins de fer. 1896, 1 vol. in-8°. . . . . **6 fr.** »

FOURNIER de FLAIX (E.). — **Traité de critique et de statistique comparées des institutions financières,** systèmes d'impôts et réformes fiscales des divers États. — 1re série : Angleterre, Canada, Dominion, Australasie, États-Unis, Russie, Allemagne, Italie. 1889. 1 fort vol. in-8°, avec de nombreux tableaux. . . . . **15 fr.** »

— **L'impôt dans les diverses civilisations,** 1897. 2 volumes in-8°. . . . . **15 fr.** »

— **La réforme et l'impôt en France.** 1885, tome I in-8°, seul paru. . . . . **10 fr.** »
   (Ce volume contient les théories fiscales et les impôts en France et en Europe aux XVIIe et XVIIIe siècles).

— **La mutualité et l'assistance sociale.** — Conférence faite à Lyon le 10 février 1894, dans l'assemblée générale des mutualistes de Lyon. Président : M. **Jules DUMOND.** 1894, 1 brochure grand in-8°. Prix. . . . . **1 fr.** »

— **Pendant une mission en Russie,** première série, à **travers l'Allemagne.** 1894, 2 vol. in-18. . . . . **10 fr.** »

— **L'indépendance politique et agraire en Irlande.** 1 brochure in-8°. . . . . **1 fr. 50**

— **Étude sur l'organisation comparée de la Banque de France et des Banques de circulation.** 1891, br. gr. in-8°. . . . **2 fr.** »

GIRAULT (Arthur), *chargé du Cours de législation coloniale à la Faculté de droit de Poitiers.* — **Principe de colonisation et de législation coloniale.** 1895, 1 vol. in-18. . . . . **6 fr.** »

GOURAUD (Charles). — **Histoire de la politique commerciale de la France** et de son influence sur le progrès de la richesse publique. 1854, 2 vol. in-8°. . . . . **7 fr.** »

— **Essai sur la liberté du commerce des nations,** examen de la théorie anglaise du libre échange. 1853, 1 vol. in-8°. . . . . . **4 fr.** »

HAURIOU (Maurice), *professeur de droit administratif à l'Université de Toulouse.* — **Précis de droit administratif** et de droit public général à l'usage des étudiants en licence et en doctorat ès-sciences politiques. 3° édition, 1897, 1 vol. in-8°. . . . . **12 fr.** »

— **Cours de science sociale. La science sociale traditionnelle.** 1896, 1 vol. in-8°. . . . . **7 fr. 50**

— **Leçons sur le mouvement social** données à Toulouse en 1898. 1 vol. in-18. **4 fr.** »

HOCQUET (René), *docteur en droit.* — **Emploi des fonds** dans la participation aux bénéfices. 1897, 1 vol. gr. in-8°. . . . . . . **4 fr.** »

HOUDARD (Adolphe), *membre de la Société d'Économie politique.* — **Premiers principes de l'Économique.** 1 vol. in-18. . . **4 fr.** »

INGRAM (J.-K.), *professeur à Dublin.* — **Histoire d'Économie politique,** traduction par MM. Henry de Varigny et E. Bonnemaison. 1893. 1 vol. in-18. . . . . **6 fr.** »

JAY (Raoul), *professeur agrégé à la Faculté de droit de Paris.* — **L'organisation du travail par les syndicats professionnels.** 1894, 1 broch. in-8°. . . . . **2 fr.** »

— **La limitation légale de la journée du travail en Suisse.** 1891, 1 vol. gr. in-8°. . . . . **2 fr. 50**

— **Un projet d'assurance contre le chômage** dans le canton de Bâle-Ville. 1895, 1 broch. gr. in-8°. . . . . **1 fr. 50**

— **Une corporation moderne.** 1892, 1 broch. in-8°. . . . **1 fr. 50**

— **Études sur la question ouvrière en Suisse.** — Limitation légale de la journée de travail. La question des accidents du travail. Une corporation moderne. 1893, 1 vol. in-12. . . . . **3 fr. 50**

MAXWELL (W.). « commissionner of lands » à Singapore. — **Exposé théorique et pratique du système Torrens.** 1889. 1 vol. gr. in-8°. . . . . **2 fr. 50**

MENGER, *professeur à l'Université de Vienne.* — **Contribution à la théorie du capital,** traduit par Ch. Secrétan, *professeur à l'Université de Lausanne,* 1889, 1 broch. in-8°. . . . . **1 fr. 50**

MILET (Henri-Auguste), *ingénieur civil à Pernambuco (Brésil).* - Études et fragments d'économie politique (1875-1889). 1891, 1 vol. in-8° . . . . **2 fr. 50**

NOUVION-JACQUET, *président*, **Ch. CORDIER**, *secrétaire du conseil de prud'hommes de Reims.* — Le Patron et l'Ouvrier, devant le Conseil de prud'hommes, avec préface de Paul Beauregard, *professeur à la Faculté de droit de Paris*, 2ᵉ édition, 1898. 1 broch. gr. in-8°. **3 fr. 50**

PARTURIER (Louis), *docteur en droit.* — L'assistance à Paris sous l'ancien régime et pendant la Révolution. Étude sur les diverses institutions dont la réunion a formé l'administration générale de l'assistance publique à Paris, 1 vol. gr. in-8° . . . . **5 fr. »**

PERRONET (Ch.), *docteur en droit, avocat à la Cour de Paris.* — La conciliation et l'arbitrage en matière de conflits collectifs entre patrons et ouvriers ou employés. 1897, 1 vol. gr. in-8° . . . . **6 fr. »**

RIST (Charles), *docteur en droit.* — La journée de travail de l'ouvrier adulte en France et sa limitation par la loi. 1898, 1 vol. gr. in-8° . . . . **8 fr. »**

RAMBAUD (Joseph), *professeur d'économie politique à la Faculté catholique de droit de Lyon.* — Histoire des doctrines économiques, 1899, 1 vol. in-8° . . . . **10 fr. »**

ROUGIER (J.-C.-Paul), *professeur à la Faculté de droit de Lyon, avocat à la Cour d'appel.* — Précis de législation et d'économie coloniale. 1895, 1 vol. in-18 . . . . **6 fr. »**

SAINT-MARC, *professeur à la Faculté de droit de Bordeaux.* — Étude sur l'enseignement de l'Économie politique dans les universités d'Allemagne et d'Autriche. 1892, 1 forte brochure gr. in-8°. **5 fr. »**

— Étude sur la durée de la garantie d'intérêt promise par l'État aux Compagnies des chemins de fer d'Orléans et du Midi. 1894, 1 broch. gr. in-8° . . . . **2 fr. 50**

SAUGRAIN (Gaston), *membre de la Société d'Économie politique, docteur en droit.* — La baisse du taux de l'intérêt, causes et conséquences. 1896, 1 vol. gr. in-8° . . . . **5 fr. »**

SOUCHON (Aug.), *professeur à la Faculté de droit de Lyon.* — Les théories économiques dans la Grèce antique. 1898, 1 vol. in-18 . . . . **3 fr. »**

VAUTHIER (L.-L.), *ingénieur des ponts et chaussées, ancien représentant du peuple.* — Amortissement de la dette publique et réforme budgétaire à l'aide des droits de succession. — Lettre à M. Georges Cochery, *ministre des finances.* 1896, 1 brochure in-8° . . . . **1 fr. »**

VILLEY (Edmond), *doyen de la Faculté de droit de Caen.* — **Précis d'un cours de droit criminel**, comprenant l'explication du Code pénal (partie générale), du Code d'instruction criminelle en entier et des lois qui les ont modifiées jusqu'à la fin de l'année 1890. Ouvrage récompensé par l'Institut. 5e édition, 1891, 1 vol. in-8o . . . . . . **7 fr. 50**

VILLEY (Edmond), *doyen de la Faculté de droit de Caen.* — **Traité élémentaire d'économie politique et de législation économique**. 2e édition. 1894, 1 vol. in-8o . . . . **10 fr. »**

VILLEY (Edmond). — **La question des salaires** ou la question sociale, 1887, 1 vol. in-18 . . . . **3 fr. 50**

    (Ouvrage récompensé par l'Institut).

— **Le socialisme contemporain**. 1895, 1 vol. in-8o . . . . **4 fr. »**
    Ouvrage couronné par l'Institut (Prix Saintour, 1895).

— **et FOURRIER (Charles).** — **L'Homme et son œuvre**. 1898, 1 broch. in-8o . . . . **1 fr. 50**

WUARIN (Louis), *professeur à l'Université de Genève, lauréat de l'Institut* (Académie des sciences morales et politiques). — **Une vue d'ensemble de la question sociale**, le problème, la méthode, 1895, 1 vol. in-18 . . . . **3 fr. »**

Viennent de paraître :

LES DEUX PREMIERS VOLUMES
DU
TRAITÉ THÉORIQUE ET PRATIQUE

DU DROIT PÉNAL FRANÇAIS

Par R. GARRAUD
AVOCAT A LA COUR D'APPEL, PROFESSEUR DE DROIT CRIMINEL A L'UNIVERSITÉ DE LYON
(Ouvrage couronné par l'Institut, Académie des Sciences morales et politiques)

DEUXIÈME ÉDITION
complètement revue et considérablement augmentée

6 volumes . . . . **60 fr.**

Tomes I et II seuls parus; les autres paraîtront prochainement

---

LA PROPRIÉTÉ INDUSTRIELLE
ARTISTIQUE ET LITTÉRAIRE
Par Claude COUHIN
DOCTEUR EN DROIT, AVOCAT A LA COUR D'APPEL DE PARIS

3 forts volumes in-8o . . . . **30 fr.**

BAR-LE-DUC. — IMPRIMERIE CONTANT-LAGUERRE.

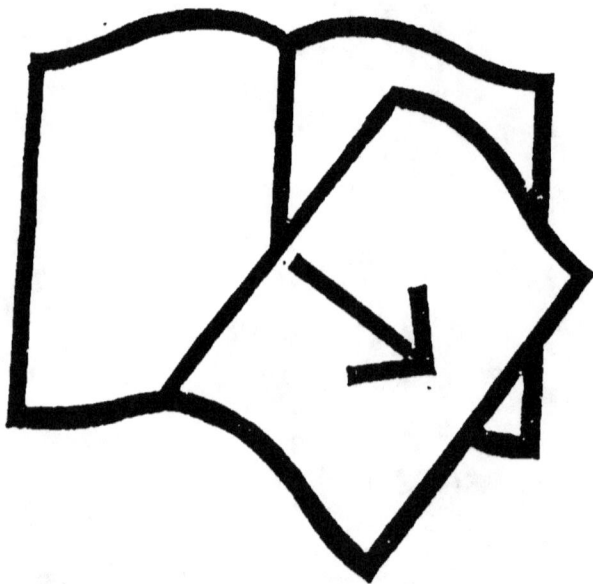

Documents manquants (pages, cahiers...)
NF Z 43-120-13